共生社会の教養

プラスのコミュニケーションで
すべての人が暮らしやすい社会をつくる

公益財団法人 共用品推進機構　編著

はじめに

　2020年1月、世界は新型コロナウイルスの感染拡大によって、すべての人が経験したことのない恐怖と不安に直面しました。当初、飛沫感染を防ぐためマスクの需要に供給が追いつかず、「マスクの入荷はありません」の貼り紙が店頭でみられると共に、入荷した店の前には買い求める人の長蛇の列ができました。

　3密（密閉空間、密集場所、密接場面）を防ぐため、多くの店では複数人での来店を制限し、店頭には消毒液が入ったポンプが置かれ、レジ前では2メートル前後の間隔を空けて並ぶための足型の表示が床に付けられ、レジでは店員との間に仕切りのビニールシートが設置されました。

　職場でも在宅勤務が推奨され、出社人数も制限がかかるようになり、オンライン会議を利用する人たちが急増しました。

　一方で、緊急事態宣言下の経済活動低下への対抗策としてGoToキャンペーンが実施され、多くの人が利用しました。

　障害のある人や高齢の人も、同じくこの事態に直面しています。

　けれども、マスク着用から始まり、消毒液、社会的距離、在宅での学習や仕事等、新しい生活様式と言われるものは、障害のある人や、高齢者も感染予防ができる仕様になっているのでしょうか。

　さまざまな人がコミュニケーションをとれるように工夫されていたでしょうか。

　感染予防対策、新生活様式のためにサービスの提供をする際には、さまざまな人がコミュニケーションをとり、共に暮らせるようになる必要があります。

　この本は、共生社会を実現するためのヒントが詰まった一冊です。

　この本が、自分以外の人に気づき、知り、考え、行動することの大切さを学ぶ一助となることを願っています。

公益財団法人 共用品推進機構　星川安之

本書の使い方

（1）本書の目的

　本書は、誰もが差別や偏見なく暮らすことのできる「共生社会」とは何かを考え、さらには、共生社会を自らつくっていく人に対して、関連する情報を伝えることを目的としています。

　共生社会と言っても、何も大上段に構えるばかりではなく、家族、学校、職場、地域等でも、共生社会の要素は存在することができます。

　本書では、障害のある人の「不便さ」ではなく、自分たちが経験してきた「良かったこと」を紹介しています。「良かったこと」を知ることで、不便さを解消した解決方法が理解でき、自分が次に実行する時の『ヒント』につなげることができます。

　「答え」ではなく『ヒント』であるというのは、Aさんにとって良かったことでも、Bさんにとっては不便なことかもしれないからです。人はそれぞれ違います。同じ人であってもいつも同じではありません。これは障害の有無や、年齢等にはかかわりなく言えることです。

　共生社会をつくる一員になるために、「気づく」「知る」「考える」「行動する」の4つの段階が必要になりますが、本書では、「気づく」「知る」「考える」を学び、「行動する」につなげるものとなります。

（2）本書の構成

　序章では、共生社会とはどういうものかを説明します。

　共生社会の定義や共生社会の実現に向けたさまざまな取り組みや現状、問題点を事例と共に紹介しています。

　第1章では、すべての人が暮らしやすい共生社会を実現するために、まずは、一員となるための基本となる「気づく」「知る」「考える」「行

動する」を説明します。この考え方や実践方法・手順が理解できれば、共生社会という現場に踏み込むパスポートを持ったことになります。

第2章では、第1章で学んだ考えをベースに、共生社会に興味を持ち、「気づき」「知る」ことを学び、「考える」「行動する」につなげていくきっかけの章として、「障害」の概要や「障害」に対する考え方を知り、それらを解決するための方法である、「当事者を知る（さまざまな生の声を聞く）」ことの大切さを学びます。

第3章では、第2章で学習した「当事者を知る」ことから「考えて」「行動する」につなげていくために、共生社会の実現のためのヒントが詰まった最も重要な生の声である「良かったこと調査」（共用品推進機構実施、一部再編集）を紹介します。生の声によってさまざまな思い込みを払拭し、相手の望みに応える方法を考えるためのトレーニングをします。

第4章は、今まで学習したことの整理の場として「アクセシブルミーティング（みんなの会議）」を紹介します。アクセシブルミーティングの「情報提供」「誘導」「説明」の各場面は、私たちの日常生活でも活用できる内容ですので、自分とかかわりのあるさまざまなシチュエーションとクロスオーバーし、共生社会の実現に向けたさらなる意識向上にお役立てください。

第5章では、本書のまとめとなる共生社会の教養として、これから「考え、行動」していく際に遭遇するさまざまな壁を乗り越えるために役立つ「コミュニケーション」について、事例と共に紹介します。

第6章は、共生社会の実現のために興味を持ってもらうため、そして行動する際の一助となればと思い、共用品等のツールを紹介しています。道具やマークの説明だけでなく、つくられた背景や、決められた過程から、共生社会を実現するヒントを見つけ出してください。

目　次

序章

共生社会における
コミュニケーション

序章では、まず、共生社会とは何かを考えましょう。
　共生社会の定義や、共生社会実現に向けたさまざまな取り組み、現状、問題点を、事例と共に紹介していきます。

1 共生社会とは

定義

　社会にはさまざまな「人」が、さまざまな「場所」で、さまざまな「工夫」をしながら暮らしています。さまざまな人とは、性別、年齢、障害の有無、使用する言語等が異なる人たちです。異なる人たちがコミュニケーションをとりながら共に暮らしやすい社会のことを「共生社会」と言います。

　国立特別支援教育総合研究所では、「共生社会」を、以下の通り定義しています。

　これまで必ずしも十分に社会参加できるような環境になかった**障害者等**が、積極的に参加・貢献していくことができる社会である。それは、誰もが**相互に人格と個性を尊重し支え合い、人々の多様な在り方を相互に認め合える全員参加型の社会**である。このような社会を目指すことは、我が国において最も積極的に取り組むべき重要な課題である。

　厚生労働省ではそれに地域を付けて「地域共生社会」とし、以下の通り定義しています。

　制度・分野ごとの『縦割り』や「支え手」「受け手」という関係を超えて、地域住民や地域の多様な主体が（『我が事』として）参画し、人と人、人と資源が世代や分野を超え（『丸ごと』）つながることで、住民一人ひとりの暮らしと生きがい、地域をともに創っていく社会。

※カッコ内は著者加筆

言葉は異なりますが、共生社会を目指す動きは、半世紀以上前から各国ではじまっています。

1950年代のデンマークでは「ノーマライゼーション」、1974年には国連において「バリアフリー・デザイン」、1990年代にはアメリカで「ユニバーサル・デザイン」、欧州で「デザイン・フォー・オール」や「インクルーシブ・デザイン」、日本では「共用品・共用サービス」、さらに2001年になると国際標準化機構で「アクセシブル・デザイン」が、共生社会に向かうための言葉として提唱されてきました。

● **語句解説**

ノーマライゼーション

　障害のある人も、そうでない人と同様に社会の中で普通の生活が送れるような条件を整えるべきで、共に生きる社会こそがノーマルであるという理念。

バリアフリー・デザイン

　障害のある人や高齢者等が、社会生活をしていく上で妨げとなる障壁（バリア）がないように意図された設計。

ユニバーサル・デザイン

　特別な改良や特殊な設計をせずに、すべての人が、可能な限り最大限まで利用できるように配慮された、製品や環境のデザイン。

デザイン・フォー・オール

　あらゆる範囲の能力・状況にある人々にとって使いやすい製品やサービス、システムを創造すること。

インクルーシブ・デザイン

　すべての子どもを排除せず、可能な限り一緒の場で1人ひとりの個別のニーズに応える学校・社会をつくる思想。

■ 図表1　共生社会につながる言葉の誕生年と日本への波及

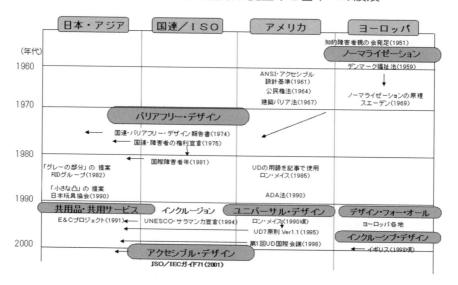

共用品・共用サービス（第6章㉕参照）

　身体的な特性や障害にかかわりなく、より多くの人々が共に利用しやすい製品・施設・サービス。

　[原則]

　　・多様な人々の身体・知覚特性に対応しやすい。
　　・視覚・聴覚・触覚など複数の方法により、分かりやすくコミュニケーションできる。
　　・直感的で分かりやすく、心理的負担が少なく操作・利用ができる。弱い力で扱える、移動・接近が楽である等、身体的負担が少なく、利用しやすい。
　　・素材・構造・機能・手順・環境等が配慮され、安全に利用できる。

アクセシブル・デザイン（第6章㉕参照）

　何らかの機能に制限がある人に焦点を合わせ、これまでのデザインをそのような人々のニーズに合わせて拡張することによって、製品や建物

やサービスをそのまま利用できる潜在顧客数を最大限まで増やそうとするデザイン。

② 合理的配慮とは

　1981年、国連が提唱した国際障害者年に「完全参加と平等」のテーマが掲げられ、同じく国連で2008年5月に発効された障害者権利条約（Convention on the Rights of Persons with Disabilities）では、障害のある人が利用する機関等に要求する事項に関して、過度な費用と手間がかからない障害のある人たちからの要求を「合理的配慮」と称しています。日本では、その条約を受け、この合理的配慮を公的機関においては「義務」として、民間機関に関しては「努力義務」とする法律である「障害を理由とする差別の解消の推進に関する法律」（通称「障害者差別解消法」）が、2016年4月から施行されました。今後は、民間機関も「努力義務」ではなく「義務」になっていく可能性も考えられます（第6章⑱参照）。

　この合理的配慮は、言い換えれば「個別対応」を意味しますが、多くの人にとって、ピンと来ていないのが現状です。その一番の理由は、障害のある人とない人が、お互いがお互いをよく知らないことです。

　さまざまなサービスを提供する人たちの多くは、障害のある人が、どんな場面で、どんな不便さを感じ、その不便さをどのようにしたら解決できるかを知りません。また、障害のある人たちの中では、自分が感じている不便さを、いつ、誰に、どのように伝えていいかが分からない人も多くいます。

　このように多くの人が「お互いが望むこと、できることを知らない状況」になっているのは、障害のある人とない人、異なる障害のある人同士が、接する機会がなかったか、そういう機会が限られていたことが要因の1つとなっています。

一方、施設や交通に関するバリアフリーを進めるための法律やガイドラインの整備により、多くの施設や駅にはエレベーター、エスカレーター、多機能トイレが設置され、車椅子使用者等が利用できるようになりました（詳細は第6章⑳㉚参照）。また、各種表示に用いる字の大きさ、色のコントラストもより多くの人たちに見やすくなるようになってきました。エレベーターのボタンや手すり等には、点字が表示され、点字が読める人たちにとっては、情報量が増えてきました（詳細は第6章①参照）。このように「共生社会」の実現に向かって進んでいることは確かです。交通機関や公共の建物がバリアフリー化されたのは、多くの障害のある人たちのニーズを確認して制定された法律ならびにガイドラインがつくられた大きな成果です（第6章⑮参照）。

　けれども、このような施設や機器のハード面の整備だけでは、誰もが住みやすい社会になっていきません。より多くの人ではなく、すべての人、誰もが使える施設や機器にするためには、すべての人の特性を理解すると共に、すべての人のニーズを把握することが必要です。つまり、的確な情報、的確な人的応対（ソフト面）の両方が必要なのです。

✻─●─ポイント─────────●──●

- このテキストが目指すのは、（障害の有無にかかわらず）誰もが暮らしやすい共生社会である。
- 共生社会をつくっていくことに、すべての人が参加できる。
- 共生社会を目指す言葉はさまざまあり、それぞれ定義されているが、共通しているのは、障害の有無や年齢の高低で分けるのでなく、「共に」、「生きる」ことである。
- 共生社会は、ハード面（施設、設備、機器）と、ソフト面（的確な情報、的確な人的応対）の両方が、必要である。

2 障害の理解

　みなさんは普段、どこで、どなたと、どのような方法でコミュニケーションをとっていますか。

　家庭では家族や身内、学校では先生・生徒や職員、仕事場では上司、同僚や取引先の人たちでしょうか。

　その人たちのことを思い浮かべてみてください。性別、年齢、背の高さ、声の大きさ、顔の色、髪の長さ等が異なるさまざまな人が浮かび上がってきたのではないでしょうか。

　ところで、あなたが思い浮かべた人の中に、障害のある人はいましたか。

　障害と一言で言っても、さまざまな障害があります。身体障害とは、先天的あるいは後天的な理由で、身体機能の一部に障害を生じている状態のことです。身体障害のほかには、知的障害、精神障害があって、国では障害者総合支援法の対象として障害者手帳で、障害をこの3つに区分しています。

　さらに、目が不自由と言っても、目が見えない全盲の人と見えにくい弱視（ロービジョン）の人がいます。また、全盲の人の中でも、光を感じる人と感じない人がいます。弱視の人となると、もっと多様になります。真ん中だけ見える人、真ん中が見えない人・見えにくい人、紙やパソコンやスマートフォン画面上の白地に黒の字が見えやすい人、黒地に白の字が見えやすい人等、視覚障害と言っても見え方はさまざまです。

　ほかにも、障害になった時期によっても異なってくることがあります。例えば、点字（第6章①参照）での読み書きができるかどうかは、視覚障害になった時期との関係に左右される場合が多くあります。生まれてか

ら間もなく全盲になった先天盲の人の場合、特別支援学校等で幼いころから点字を習う機会があるため、点字の読み書きができる人が多くいます。なお、厚生労働省の調査において、視覚に障害のある人のうち「点字ができる」と回答したのは 12.7％となっています（厚生労働省社会・援護局障害保健福祉部企画課「平成 18 年身体障害児・者実態調査結果」平成 20 年 3 月 24 日）。一方、文字は見るものとして生活してきた人たちが見えなくなった場合は、点字を習得するのに時間がかかる場合が多くなります。そのため、情報を得るために、指で読む点字ではなく、音声による情報を利用している人も多くいます（第 6 章⑰参照）。

　視覚障害だけでなく、ほかの障害もさまざまです。障害名が同じだからといって、特性やニーズも同じということではありません。

　それは、障害のある人ばかりではなく、障害のない人たちも同様です。今では、ほとんど使われなくなりましたが、障害のない人のことを、健常者と呼んでいました。『広辞苑』では、健常者を（障害者に対して）障害がなく健康な人とあります。けれども、世界保健機関（WHO）では、健康を『身体的・精神的・社会的に完全に良好な状態であり、単に疾病のない状態や病弱でないことではない（1978 年）』と定義しているように、病気ではないことイコール健康ということではないことを示していて、健康ではないことが障害である、障害ではないことが健康であるということではありません。障害の定義については第 2 章で詳しく紹介します。そしてこの障害についての考え方は、以前と今とでは 180 度異なってきました。

✿ • • ポイント • •

・障害者と一言で言っても、不便さやニーズは千差万別である。
・視覚障害者がすべて、点字を読めるわけではない。

3 医学モデルと社会モデル

　障害についての考え方で、以前と今、180度変わったことを表している言葉が「医学モデル」と「社会モデル」です。

　「医学モデル」は、障害を自ら克服し、社会の状況に合わせる努力を障害のある人に課する社会です。一方「社会モデル」は、障害のある人が生活する社会が、障害のある人に生活しやすくなるように変わる社会を意味し、ハード面である施設や機器と共に、ソフト面である情報や人的応対・サービスがその対象です。

　医学モデルと社会モデルを、マイクロフォン（以下「マイク」と言います）を例に紹介します。

　音声を電気信号に変える役割をするマイクは、電気信号に変わった音声を電波に乗せて、遠く離れたところでもラジオやテレビ等のスピーカーを通じて音声や音を届けることができます。また、会議、講演、イベントやコンサートでマイクやスピーカー（電気信号を音声に変換して出力する装置）を使用すると、発言する人の声の大小にかかわらず、目的とする人たちに音や声を届けることができます。

　マイクが開発される以前は、声の小さい人は、大勢の聴衆者や、遠く離れた人には、いくら声をはり上げても届きませんでした。1870年代の後半にマイクが開発・一般化されたことで、声の小さい人でも遠くの人に声が届くようになり、声が小さいことは障害ではなくなりました。

　このように、大勢の人に声が届かないのは、その人の声が小さいことが原因であるという考え方を医学モデルと言います。反対に声の小さい人の声が大勢の聴衆に届かないのは、声の小さい人が原因ではなく、声の小さい人の声が届かない会場の設備や運用面に原因があるという考え

方であり、これを社会モデルと言います。

　前述のように、障害そのものは現代の医学では変えることができないため、医学モデルの考え方だけでは、共生社会をつくっていくことはできません。けれども、社会モデルのように、声の小さい人であっても、マイク（とスピーカー）が開発されて普及するという、周りの環境や社会が変わることによって、どんな人であっても声を届けることができるという解決方法があります。

　社会モデルという考え方が提唱される前は、障害のある人は、今の社会にあるモノやサービスそして既存のシステムに合わせていくという考えでした。それが共生社会の実現に向けての条約や法律によって、障害のある人が使える特別なモノもつくられはじめました（詳細は第6章参照）。

　前述のマイクは、障害のある人だけを対象に開発されたわけではありませんが、温水洗浄便座、電動歯ブラシ、ライター等は、それぞれ、元々は手が不自由な人のために開発されたものが、今ではより多くの人が使う一般製品として世の中に普及しています。

　しかし、医学モデルから社会モデルに変わるにあたっては、まだまだ多くの課題が残っています。

　障害のある人と障害のない人、障害のある人同士が、多くのコミュニケーションを至る所で行うことが重要です。国連で障害者権利条約が採択されるときに、何度も繰り返し確認したことは、障害のある人たちからの下記の一文です。

　"Nothing about us without us"
　（私たち抜きに私たちのことを決めないで）

ポイント

・医学モデルと社会モデルの違いを知る。

・社会は、障害者に不便なモノ・コトを改善することができる。

・"Nothing about us without us"
　（私たち抜きに私たちのことを決めないで）

4 コミュニケーション

① 共生社会の実現のための第一歩

　世の中の考え方が、医学モデルから社会モデルに変わっていくのは容易なことではありません。また、一部が社会モデルになっても、隣の国、隣の県、隣の地域、隣の学校、隣の店、隣の道が医学モデルのままでは、誰もが共に暮らせる共生社会にはなりません。

　まずはあなたが所属する場所や機関で変えていくことが、共生社会をつくっていくスタートとなります。

　そのためには、あなたが所属する場所や機関で、不便さを抱えている人に**気づく**ことが必要です。気づいたら次は、**知る**ことです。けれども、この「気づく」と「知る」の段階で、"Nothing about us without us"（私たち抜きに私たちのことを決めないで）を忘れて、思い込みで行動してしまうと、せっかく共生社会を実現しようとしていたにもかかわらず、不便さを助長してしまう可能性があります。

　そこで、行動する前に必要なことは、コミュニケーションをとることになります。

② コミュニケーションの課題

　障害のない人が障害のある人、障害のある人が自分と違う障害のある人とコミュニケーションを行うためには、いくつかの課題があります。

　詳しくは第１章で説明しますが、課題の１つに、前述の相手への思い込みがあります。その中でも一番の弊害となっているのは、「障害のあ

る人は見てはいけない存在である」という思い込みです。

　今でも、障害のある人を見かけて興味を持っている子どもに「見ては
いけません」と言って、手をひいてその場から離れていくお父さん、お
母さんを目にすることがあります。今まで見たことのない人に関心や興
味を持つ子どもの本能に対して、「見てはいけません」の一言で、障害
者に興味を持つことは悪いことと、植え付けられてしまいます。言われ
た子どもは「どうして」という疑問を両親に伝えられないまま大人になっ
てしまい、大人になった後、今度は自分の子どもが障害のある人に興味
を持つと、両親に言われたことと同じように「見てはいけません」を伝
えることになってしまいます。

　このように、知らず知らずのうちに、コミュニケーションをとる前か
ら「思い込み」という課題が生まれてしまっているのです。

ポイント

・社会モデルを実現させる第一歩は、「気づくこと」である。

・思い込みで行動しないように、コミュニケーションが重要である。

・「見てはいけない」という思い込みを持たない。

5 「聞いてみたら」の意味

次に紹介する事例は、Aさんが実際に体験したことであり、日本経済新聞2019年8月24日『モノごころヒト語り「ルーペ」』（星川安之）に掲載した原稿を一部抜粋・再編集しています。

① Aさんの日常

Aさんの視力は、右目が光りを感じる程度、左目が0.02であり、世の中の色は白黒テレビのように見えています。

視覚障害には、見えない全盲と見えにくい弱視（ロービジョン）の人がいると前述しましたが、どちらも字や図が見えない、見えにくいという不便さがあります。全盲の人は、主に触るや聞くことで情報を得るのに対して、弱視の人は、見ることを主にする人が多くいます。

そのため、教科書や書籍は拡大文字のものが用意されています。最近では、自分の読みやすい字の大きさや書体（フォント）にして教科書等を読める機能が付いたタブレット等も普及してきています。

会議では拡大した資料を用いることも有効です。通常の字の大きさの書籍や資料に対しては、拡大読書器で字や図を自分の見やすい大きさに調整することができます。この読書器は画面の下にカメラがあり、そのカメラで読みたい頁を写しながら、画面に写る文字サイズを、自分が読めるサイズに調整することができます。弱視の人にとっては便利な道具ですが、重量のある機器のため、持ち運ぶことはできません。そのため外出するときには、持ち運び可能な機器が必要となります。

遠くを見るには、両目で見ることで立体的に見える双眼鏡と、コンパ

クト重視の単眼鏡があります。弱視の人たちの多くは単眼鏡を使い、目を近づけられない高さにある表示や文字を確認しています。さらに、外出先で手元の読む書類や書籍には小型のルーペを使います。Aさんが使用している携帯用ルーペは、虫眼鏡の形状ではなく、高さ3センチの裾野が少し広い筒状で、上部に直径約2センチの薄いレンズがあり、読みたい場所にその筒をあてることで、文字を拡大して見ることができ、本を読むときは、ルーペを移動させながら読んでいきます。

■ **図表2** 携帯用ルーペ

② Aさんの事例

　その日、Aさんは電車に乗って座席に座ると、携帯用ルーペと書籍をカバンから取り出し、いつもの方法で本を読みはじめました。

　すると、隣の小学校3～4年くらいの男の子が、ルーペに興味津々の様子が伝わってきました。隣に座っているお父さんに、「これ何、これ何？」とAさんの使っているルーペを指さしてお父さんに尋ねています。するとそのお父さん、躊躇なく「おばさんに聞いてみたら」と一言。

　その会話を聞いていたAさんが、「坊やこれのこと？」と尋ねると「うん」と男の子。「これはね、字を大きくして読む道具なんだよ。おばさん、眼があまりよく見えないから、字が点々みたいに見えちゃうの」と言うAさんに対して、「ほんとに見えないの？」と疑問を持つ男の子。

　「でもね、この道具を使うと点々が字に見えるの。見てみる？」と、Aさんは彼に本とルーペを渡すと、「すげ～！　超デケー！」と男の子は感動を表しました。

そこでＡさんは「手も見てみたら」と促すと、

「うそ〜！　これ僕？　僕の手、きたな〜い」と男の子は素直に感動を表しました。その様子を見ていたお父さんの笑顔がＡさんまで伝わってきました。

その後も会話ははずみ、降りる駅が同じと分かるとその男の子は、降りる駅に着くなり、彼女の手をとって電車からホーム、ホームから改札へと誘導をはじめたのです。

改札にたどり着くと、「じゃ、またね〜！」と、Ａさんに声をかける彼の後ろでお父さんが、「ありがとうございました」と笑顔でＡさんに言葉で伝えました。

障害のある人に興味を持つ自分の子どもに「見ちゃいけません」では、決して見ることができないものを、彼はルーペを通してしっかり見ることができたのです。

③ 事例から分かること

この事例の中には、このテキストで伝えたいことをいくつか示してくれています。

１つ目は、子どもの知りたい気持ちを親が阻まないことです。障害のある人に興味を持つ子どもに向かって「見ちゃいけません」という親は、まだ多く存在すると耳にします。「見ちゃいけません」ではなく、見ないようにするといった人もいます。それでは、どちらも、ルーペがあんなに字を大きく見せてくれたり、自分の肌を見せてくれたりすることを知ったり体験することには、つながりません。

それと共に、この障害にはこうするといった、ステレオタイプの配慮をすると、その人の今の希望する配慮と違っていることも多く生じます。

そのため、まずは、コミュニケーションや誘導する相手に、関心を持

ち、支援を必要としているか、必要としている場合にはどのような配慮が必要か、その相手のみが持っている答えを知る必要があります。このＡさんの事例から伝えたい２つ目は、目の前の相手のことを知るということなのです。

　それは子どもたちだけでなく、大人になった人にも当てはまります。長年、無関心だったのに、関心を持つように変えるのは、容易ではないかもしれませんが、決して不可能なことではありません。案外、「あれ、こんなに簡単なことなのか」と思うかもしれません。

　なお、この話は『ゆうこさんのルーペ』という題名の絵本として合同出版から発行（2020年11月）されています（第6章㉑参照）。

ポイント

・文字等を読む場合、弱視の人は拡大文字の書籍等を読むか、拡大読書器や携帯用ルーペを使用することが多い。

・子どもの興味や関心を周りの大人がつぶさないようにする。

・相手に関心を持ち、支援が必要か、どんな配慮をすれば良いかを考える。

Q 以下の①〜③のうち、共生社会に向かうための言葉として提唱された、「ノーマライゼーション」「バリアフリー・デザイン」「ユニバーサル・デザイン」「共用サービス」の４つすべてに共通している考えとして適切なものを１つ選びなさい。

① 障害のある人と、障害のない人をはっきり区別すること。

② 日常生活で不便を感じている人の不便さを解消すること。

③ 障害のある人だけの不便さを解消すること。

🌸 **解説** 日常生活で不便さを感じているのは、障害のある人だけではありません。また、障害のある人の中でも、障害者手帳を取得していない人もいます。

設問に示された単語は、障害の有無を区別することや、障害のある人だけを対象にしているものではありません（３〜４頁参照）。よって、適切なのは選択肢②となります。

Q 以下の①〜③のうち、それぞれ要望があったという前提のもと、合理的配慮による社会モデルを表しているものとして最も適切なものを１つ選びなさい。

① 会議で使う音声付きの映像には字幕がなかったので、配布資料に音声部分を文字で記載した。

② 会議をする建物の入口に段差があるが３段だけなので、スロープは設置していない。

③ 会議で発言する時、視覚や聴覚に障害のある人が出席しているので、発言の前に名前を言うように促したが、名前を言う人と言わない人がいた。

🌸 **解説** 合理的配慮では、金銭や人的に過度な負担がかからない障害のある人からの要望は、公的機関は義務として、民間機関は努力することとなっています。②では、要望は聞き入れられない状況で、③と同様に、それぞれ要

望した人の解決には至っていません (5 〜 6、128 〜 133 頁参照)。よって、最も適切なのは選択肢①となります。

Q 以下の①〜③のうち、共生社会を実現しているものとして最も適切なものを 1 つ選びなさい。

① 障害のある人のニーズを把握して法律をつくる。

② 建物や機器が、障害者でも使えるようになっている。

③ 施設、設備、機器 (ハード面) だけでなく、的確な情報や的確な人的応対 (ソフト面) が、障害の有無にかかわらず誰もが使えるようになっている。

✿ **解説**　法律をつくることや、建物が障害のある人でも使えるようになっていることは、共生社会の実現に向けた準備の 1 つであり、共生社会が実現できているわけではありません。法律や建物のようにハード面の整備だけではなく、ソフト面を整備して、誰でも使えるようになっていることで、共生社会が実現するのです (5 〜 6 頁参照)。よって、最も適切なのは選択肢③となります。

Q 障害の理解に関する以下の①〜③のうち、最も適切なものを 1 つ選びなさい。

① 障害は「身体障害」「精神障害」「知的障害」の 3 つに大別されている。

② 障害名が同じ人は、特性もニーズも同じである。

③ 視覚障害者であれば、点字を読むことができる。

✿ **解説**　現在、日本では障害者総合支援法の対象として障害者手帳で、「障害」を身体、精神、知的に分類し、発達障害は精神障害の中に含まれています。障害の状況はさまざまであり、障害名が同じであっても、人によってさまざまな状態であり、ニーズが異なります (7 〜 8 頁参照)。よって、最も適切なのは選択肢①となります。

Q 視覚障害者に関する以下の①〜③のうち、最も適切なものを1つ選びなさい。

① 視覚障害者の半数以上は、点字を読むことができる。

② 弱視の人は、黒地に白い色が読みやすい。

③ 視覚障害者の見え方や情報入手の方法は、人によって異なる。

🍀 **解説**　視覚障害者と一言で言っても、見えない全盲の人から、見えづらい弱視の人まで、さまざまな見え方があります。情報の入手方法も、人によって異なります（7〜8頁参照）。よって、最も適切なのは選択肢③となります。

Q コンビニエンスストアの会計の場面に関する以下の①〜③のうち、社会モデルを表しているものとして最も適切なものを1つ選びなさい。

① コンビニのレジでは誰にでも「袋はいりますか」と口頭のみで聞く。

② コンビニのレジでは誰にでも「袋はいりますか」と口頭とジェスチャーと、袋の大きさと値段の書かれたイラストを示して聞く。

③ コンビニのレジでは誰にでも「袋はいりますか」を、口頭ではなく、袋の大きさと値段の書かれたイラストを示す。

🍀 **解説**　お客さんの中には、外観からでは分からない目や耳の不自由な人たちがいます。耳の不自由な人は声が聞こえなかったり、聞きづらかったりします。目の不自由な人は、表示されたものが見えなかったり、見えづらかったりします。そのため、会話の際には、見て分かる、聞いて分かるの両方で応対することで、コミュニケーションをはじめることができます（7〜8頁参照）。よって、最も適切なのは選択肢②となります。

第1章

共生社会の一員に
なるために

障害の有無、年齢の高低にかかわらずすべての人が暮らしや
すい共生社会にしていくためには、条約や法律、システムや設
備、製品やサービスを変えていくだけでは到達できません。周
りが変わる「社会モデル」を実現していくためには、1人ひと
りが共生社会を構成する一員になることが不可欠です。一員に
なるための手順として、以下、「気づく」「知る」「考える」「行
動する」の順で紹介していきます。

1 気づく

① 「気づく」こととは

　人は、目で見る、耳で聞く、手などで触れる、口の中で味わう、鼻で嗅ぐ等の五感のすべてまたは一部を使いながら、周りのモノやコトの情報を得ています。

　ラジオからは音声、テレビやインターネットからは音声に加えて、映像が提供されます。しかもそれらの情報は、機器のスイッチを入れるだけで、目や耳を通じて入ってきます。街に出ても、無数に情報が存在しています。そんな無数の情報が与えられていますが、みなさんは、どれだけ思い出すことができますか。

　あるテーマパークには世界の国をめぐるアトラクションがあります。

　屋内施設につくられた大型のセットには、世界の国々の特徴ある情景があり、それぞれの国では、民族衣装をまとった人形が歌に合わせて踊っています。そこを、15人乗りの船でめぐるアトラクションです。船が行く両側には多数の国があり、さらに天井にも動きのある装飾がほどこされています。そのため、進行方向の右側を見ていると、左側と天井を見ることができません。同じように、左側を見ていると右側と天井が見られません。すべてを見ようと、顔を右・左・上と忙しく動かすと、一通り見る（情報を把握する）ことはできますが、1つひとつの細かい部分は見ることはできません。

　それは、テレビやラジオを視聴するときでも、街を歩いているときでも同じです。見たり、聞いたり、触れたりして情報とは接していたとしても、気づいていないモノやコトがたくさんあるのです。

「気づく」を、『広辞苑』では、思いがそこに至ると記してあります。また、「思い」に関しては、その対象について心を働かせることとあります。

　共生社会を実現するためには、多くのことに気づく必要があります。では、何に気づくことが共生社会の実現に近づくことなのでしょうか。

　それは、社会で生活するさまざまな人の中で、不便さを感じている人に気づくことです。

　50条から成る障害者の権利に関する条約（障害者権利条約）が、2006年12月に国連総会で採択され、2008年5月に発効されました。日本ではこれを2014年1月に批准し、同年2月に効力が発生しています。この条約の下記の条項が主に、不便さを感じている場面を表しています。これらは、不便さを感じている人に「気づく」のに参考となる条項です。

■ 障害者権利条約

第 9 条　施設及びサービス等の利用の容易さ

第 10 条　生命に対する権利

第 11 条　危険な状況及び人道上の緊急事態

第 12 条　法律の前にひとしく認められる権利

第 13 条　司法手続の利用の機会

　　　　⋮

第 18 条　移動の自由及び国籍についての権利

第 19 条　自立した生活及び地域社会への包容

第 20 条　個人の移動を容易にすること

第 21 条　表現及び意見の自由並びに情報の利用の機会

第 22 条　プライバシーの尊重

第 23 条　家庭及び家族の尊重

第 24 条　教育

第 25 条　健康

第 26 条　ハビリテーション（適応のための技能の習得）及びリハビリテー

② 気づくコツ①　一度ではなく

　課題に気づくには工夫が必要です。

　前述の通り、あるテーマパークのアトラクションでは、船に乗りながら、右、左、上を同時に見る（情報を把握する）ことはできません。さらに、前だけではなく、後ろ側でも新たな動きがはじまっているかもしれません。日常生活でも同様です。

　そんなときは、一度で見る（把握する）のではなく、何度かに分けて見ることで「気づく」ができる可能性が高まります。

③ 気づくコツ②　脱・思い込み

　気づくことの行く手を阻むもの、手ごわいものがあります。それは、自分の中にある思い込みです。障害のある人や自分と同じ障害ではない人と、今まで接した経験がない、もしくは接したことが少ない人の中にある「障害者は、○○だ」「視覚に障害のある人は、△△だ」と、決めつけてしまっている「思い込み」です。この思い込みがいつ植え付けられたのかは、人によって異なりますが、「気づく」ことを阻害しようとし

ます。

　なお、実はこの思い込みは、障害のある人と長年接している人の中にも持っている人がいます。人の顔が1人として同じでないのと同様に、不便さ、ニーズ、良かったこと等は、その人ごとに異なります。さらに、同じ人でも、朝、昼、夜と時間や季節によっても、異なる場合があるのです。それは、障害のない人も同じですね。

　さて、どうしたらその思い込みという鎖から解き放たれるか、一緒に考えていきましょう。

④ 気づくコツ③　関心を持つ

　コツの最初に述べるべきポイントかもしれませんが、気づくのに一番必要なのは、関心を持つことです。

　もしかしたら、あなたは幼いころ、障害のある人に関心を持ったことがあるかもしれません。そんなとき、もしかしたら、あなたの両親や先生はあなたに向かって、「ジロジロ見てはいけません！」と、障害のある人を見ているあなたに小さな声で注意したかもしれません。私の経験によると、小さな声で注意する人は、多くの場合、注意することの根拠や正当性を理解していなくて、自信のないときが多いです。

　ここで、はっきり言えることは、障害のある人に関心を持つこと自体は、悪いことではありません。それが、気づくコツの3つ目であり、一番大きなコツなのです。

　障害のある人およびその人たちの不便さに気づけたら、次は気づいたことをしっかり「知る」ことが重要になります。

 **ポイント**

・気づくことの重要性を学ぶ。

・「気づく」を阻んでいる3つの要素を知る。

　　1）ちゃんと見ない、一度しか見ない、同じ方向からしか見ない等。

　　2）思い込みを持ちながら見る。

　　3）興味・関心を持たない（無関心）。

2 知る

　障害のない人が、障害のある人およびその人たちの不便さを「知る」、障害のある人が自分以外の障害のある人およびその人たちの不便さを「知る」、もしくは障害のある人が障害のない人のことを「知る」とは、どういうことでしょうか。

① 『広辞苑』の「知る」

　再度、『広辞苑』を調べると「知る」には、下記の語釈が記載されています。

① 物事の内容を理解する。わきまえる。
② 見分ける。識別する。
③ ある事柄の存在を認める。認識する。
④ ある事柄のおこることを悟る。
⑤ 経験する。
⑥ かかわりを持つ。

　このテキストの目的と特に合致するのは、③の「ある事柄の存在を認める」と⑥の「かかわりを持つ」の語釈です。
　「ある事柄の存在を認める」ということは、今まで知らなかったことを新たに知ることはもちろんですが、今まで思っていたことと違っていた場合は、違っていたことを、もしくは違うかもしれないことを認めるということです。

障害のある人とない人や、障害のある人同士のしっかりしたコミュニケーションの歴史はまだ浅いため、100点満点の模範解答が出ているわけではありません。よって、「知る」ためには、新しく入ってくることを自分の中にある思い込みにより拒むのではなく、さまざまな人が、さまざまな不便さやニーズを持っていることを認める必要があります。このようにして「知る」ことが、共生社会の一員になるためのはじめの一歩となるのです。

② 知るコツ①　文献等で調べる

　知らないことを「知る」ためには、いくつかの方法があります。

　辞書をひく、関係する本を読む、関係するテキストを読むこと等が、「知るコツ」の一番目になります。

　実際、ウェブサイトで検索すると、身体障害、知的障害、精神障害に関して、それぞれの特徴等が書かれた文献が発行されています。また、国や各自治体等から発行されている各種ガイドラインの中にも、それぞれの障害の特徴や誘導の仕方、コミュニケーションの方法が書かれています。

■ 図表3　クロックポジション

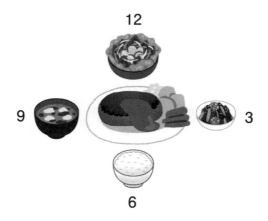

例えば、視覚障害についてであれば、全盲、弱視に分かれていること
や、食事のテーブルで料理や食器の場所を時計の文字盤の位置で示すこ
と（クロックポジション）や、誘導するときには腕や肩に触れてもらって
半歩先を歩くこと等が書かれています。

　聴覚障害に関しては、音や音声がほとんど聞こえない「ろう」と、聞
きづらい「難聴」に分かれることや、聴覚に障害のある人に話しかける
ときには、話している口の形の違いで言葉を読み取っている人がいるこ
と等が書かれています。また、聴覚に障害がある人だからといって、す
べての人が手話（第6章③参照）を使えるわけではないことや、話せるけ
れど、相手の声は聞こえない人がいることや、聞くことはできるけれど、
言語に障害があって話せない人のこと等が書かれています。

　下記は、公益財団法人共用品推進機構（※）が、障害のある人たちに、
1991年から行ってきた日常生活における不便さのアンケート調査を報
告書にしたものです。「調べる」際の参考にしていただければと思います。

　（※）公益財団法人共用品推進機構は、障害の有無、年齢の高低にかかわりな
　　　く共に使える製品（共用品）・サービス（共用サービス）を普及する機関です。
　　　共用品市場規模の推移については第6章㉖参照。

○朝起きてから夜寝るまでの不便さ調査（視覚障害者）1993.10 発行
　http://www.kyoyohin.org/ja/research/pdf/fubensa_1_seeing_1993_10.pdf
○耳の不自由な人たちが感じている朝起きてから夜寝るまでの不便さ調
　査 1995.9 発行
　http://www.kyoyohin.org/ja/research/pdf/fubensa_2_hearing_1995_9.pdf
○妊産婦の日常生活・職場における不便さに関する調査研究 1995.10
　発行
　http://www.kyoyohin.org/ja/research/pdf/fubensa_3_pregnant_1995_10.pdf
○高齢者の家庭内での不便さ調査報告書 1996.6 発行

http://www.kyoyohin.org/ja/research/pdf/fubensa_4_older_person_1996_6.pdf

○車いす不便さ調査報告書 1998.7 発行

http://www.kyoyohin.org/ja/research/pdf/fubensa_5_wheelchair_1998_7.pdf

○弱視者不便さ調査報告書 2000.2 発行

https://www.kyoyohin.org/ja/research/pdf/fubensa_6_lowvision_2000_2.pdf

○障害者・高齢者等の不便さリスト 2000.3 発行

http://www.kyoyohin.org/ja/research/pdf/fubensa_7_disability_older_
list_2000_3.pdf

○子どもの不便さ調査 2001.3 発行

http://www.kyoyohin.org/ja/research/pdf/fubensa_8_children_2001_3.pdf

○知的障害者の不便さ調査 2001.3 発行

http://www.kyoyohin.org/ja/research/pdf/fubensa_9_chiteki_2001_3.pdf

○聴覚障害者が必要としている音情報 2001.11 発行

http://www.kyoyohin.org/ja/research/pdf/fubensa_10_hearing_needs_2001_11.
pdf

○高齢者の余暇生活の実態とニーズ調査報告書 2002.12 発行

http://www.kyoyohin.org/ja/research/pdf/fubensa_11_older_needs_2002_12.
pdf

○高齢者の交通機関とその周辺での不便さ調査報告書 1997.4 発行

http://www.kyoyohin.org/ja/research/pdf/fubensa_12_older_
transportation_1997_4.pdf

○飲み物容器に関する不便さ調査 1995.4 発行

http://www.kyoyohin.org/ja/research/pdf/fubensa_13_drinkcups_1995_4.pdf

○視覚障害者不便さ調査成果報告書

http://www.kyoyohin.org/ja/research/pdf/seeing2_2_2011_8.pdf

下記は、分かりやすくするために、不便さ調査の中の視覚障害、聴覚障害、車椅子使用者、高齢者の報告書から一部、イラストにしたものです。

　なお、イラストで紹介した不便さを、それぞれの障害のある人全員が感じているわけではないということを理解しておくことが重要です。また、同じ不便さがあっても、相手が望む誘導やコミュニケーションの方法が異なることが多々あることも胸にとどめておきましょう。

視覚障害

空いているか分からない

自転車が置いてある

どこにあるか分からない

カードの区別がつかない

手紙の区別がつかない

ラベルが分からない

聴覚障害

自転車が警告しても
聞こえない

放送が聞こえない

前を向いて話しても
気がつかない

講演の声が聞こえない

呼ばれても気がつかない

家の中の音が聞こえない

肢体不自由

隙間にはさまる

高いところがよく見えない

段差があって上れない

拾うことが困難

高くて取れない

テーブルの高さが合わない

高齢者

干すのが困難

高いところが届かない

風呂もトイレも寒い

家事が大変

瓶の蓋が開かない

家電製品の使い方が
分からない

❸　知るコツ②　当事者に聞く

　上記の通り、文献やインターネットで調べてみると、障害のある人のことや、障害のある人の不便さについてたくさん見つけることができたと思います。一方で、調べれば調べるほど、疑問に思うことや、分からないことがでてきたのではないでしょうか。

　文献やインターネットでは障害の種類や特性に関しては書かれていますが、多くの場合は、「○○障害のある人は、○○の特徴がある人もいる」といったように断定的な書き方をしていなかったのではないでしょうか。

　繰り返しになりますが、人の顔の形がみな異なるように、障害も同じ

障害名であったとしても、人によって不便なことやニーズは異なります。そのため、断定はできないのです。

　では、どうすれば「知る」ことを深堀できるでしょうか。それは、「○○障害は○○だ」と断定するのではなく、疑問を持ったことを直接障害当事者の相手に聞くことです。

　「今まで接したことがないため、どのようにして話したらいいか分からない」という人もいるでしょう。

　では、どうすればコミュニケーションをとることができるのでしょうか。それを学ぶことが、このテキストの目標です。順を追って学んでいきましょう。

・気づいたことに深みを持たせるためには、的確な方法で調べる。

・気づいたことの背景や現状を幅広く知ることで、課題が可視化される。

・「気づく」と共に、「知る」場面でも、文献だけでなく、障害者（当事者）に聞くこと・確認することが有効である。

3 考える

次は、「考える」です。

　私たちが暮らしている社会を、誰もが暮らしやすい共生社会にしていくためには、日常生活で不便を感じている人たちの不便さとニーズに「気づき」、その不便さとニーズを「知る」ことが重要と述べてきました。共生社会をつくっていくためには、気づいて、知った不便さを解消し、ニーズを実現するために「行動する」ことが必要です。けれども、行動する前にもう1つ重要なことがあります。それが「考える」ことです。行動に移す前に、誰の不便さやニーズに対して、どんなことを、どのように、いつ、実行すれば良いかは、考えることで答えが出てきます。次に、考えるにあたって参考になる事例を紹介します。

① 「考える」事例

(1) マスクと障害

　2019年に発生し、2020年の初頭から、世界中を襲った新型コロナウイルスの感染拡大は、マスクの不足を深刻化させました。街の薬店やスーパー、コンビニ等で30〜60枚が箱に入ったものや、数枚が1セットになって袋に入っているものが、所狭しと置かれていた使い捨てマスクが、どの店からも消えてしまいました。ほぼ同時期に店から姿を消したトイレットペーパーは、買い占めが一段落すると定期的に並ぶようになりましたが、マスクはその後も「本日、マスクの入荷はありません」と店の前に貼り出される日々が、私が知っている限りにおいても3ヵ月以上、続いていました。新型コロナウイルスの感染拡大は花粉が飛ぶ

時期や風邪の流行時期とも重なり、マスクの需要と供給のバランスは完全に崩れてしまいました。それでもこの事態の初期段階では入荷する店もあり、そこには朝から長蛇の列ができ、ニュースでも度々報道されました。さらに、大量に仕入れてインターネット等で高価格による転売が行われるようにもなり、2020年3月15日に転売禁止の法が出るまでに至りました（国民生活安定緊急措置法に基づく転売規制）。

　そんな状況の中、プラスに発想の転換をする人たちが現れはじめました。

　20年ほど前までは、マスクと言えば、中にガーゼを入れる布製の何度も洗って使えるタイプでした。使い捨て不織布マスクと違って、この布製であれば手づくりもできます。そこで、使い捨て文化に警告を発するように、布製マスクの型紙を掲載する雑誌やサイトが登場しはじめました。

　小学校、中学校、高校が休校になる中、マスク不足の状況を知った小学生が、ステイホーム中のおうち時間で500枚ものマスクを手づくりし、喫緊にマスクが必要な高齢者施設に寄付したことがマスメディアで紹介され、大切なことを多くの人に気づかせてくれました。それは、非常時でも他者のことを思える気づきと実行力です。企業によっては、感染防止率を増すマスクの開発に取り組んだり、左右の耳にかけるゴムにクリップを付け、品薄になっていないキッチンペーパーや布をマスクの大きさにしたものを挟んでマスクができるものを考えて販売したりと、課題解決に向けてさまざまな試みが生み出されました。

　そんな状況下において、聴覚に障害のある人たちの間で「音や音声が聞きづらい難聴で、普段は補聴器を装着し、会話は相手の声と相手の口の形を見て補いながら理解している。それがマスクでは口の形が見えずに相手が何を話しているかが分からなくなってしまう」といったインターネットへの書き込みが複数ありました。

　一方で、台湾のフードコートに入っている店舗の中には、以前から店

員さんが、不織布の使い捨てマスクではなく、透明なプラスチックでできたマスクを着用して接客をしているところがあります。日本の飲食のチェーン店のいくつかの店舗でも、透明マスクを着用して接客しはじめました。このマスクは、聴覚に障害のある人のためだけにつくられたわけではないですが、口の形を読むことができるため、聴覚に障害のある人とのコミュニケーションに有効です。けれども、このマスクも今回の非常時には、入手できない状況でした。すると、このような聴覚障害とマスク入手不可能な状況を打開するようなアメリカの学生の試みが、SNS上に紹介されていました。マスクを手づくりするまでは、日本の小学生の試みと同じですが、1つ違うのは布のマスクの中央を長方形に切り取り、そこに透明なシートを縫い込んでいくのです。その報道のタイトルには、「耳の不自由な人のためのマスクをつくる学生」とありました。そして、2021年4月27日、ユニ・チャーム㈱より、口元や表情が見えずコミュニケーションに不安を抱えている方に向けた『**unicharm 顔がみえマスク**』が発売されるに至っています（第6章⑬参照）。

　このように、緊急事態下であっても、貴重な工夫が生まれているのです。マスクが喫緊に必要な状況で、通常のマスクでは不便さを感じる人が存在することを知って理解すると共に、その解決方法を「考えて」実行につなげているのです。

(2) 駅改札と障害

　次に、自動改札機が導入される前の駅の改札での「考える」を紹介します。

　自動改札機が導入される前は、駅員さんが改札口で特殊な鋏で切符に三角や四角等の切り込みを入れて、鉄道利用者の確認を行っていました。また、点字ブロック（正式名称は、視覚障害者誘導用ブロック）や、音声ガイド等が

整備されていなかった駅では、目の不自由な人が1人で改札口の場所を知ることは困難な状況でした。

　けれども、白杖をついた目の不自由な人たちは、複数の駅で同じ経験をしています。それは、駅員さんの切符に鋏を入れるときの「カチカチ」という音が、白杖をついて自分たちが改札口を探していると、大きな音の「カチカチ」にしてくれたという経験です。この大きなカチカチの音を出すことは、当時鉄道会社のマニュアルに掲載されていたわけではなく、それぞれの改札口の駅員さんが独自に考えた工夫でした。

(3) 料理の注文と障害

　次は、近くに障害者リハビリテーションセンターのある中華料理店での「考える」です。

　その店は5人座れるカウンターと2人掛けのテーブルが2卓あり、店主1人で切り盛りしています。このお店には、40数年前に近くに建てられたリハビリテーションセンターで訓練を受けているさまざまな障害のある人がお客さんとしてたくさん訪れます。耳の不自由な人からの注文は、「餃子」であれば、手のひらを上にして2回じゃんけんの「グー」のように折り曲げる、「ラーメン」は、指文字のラの字を下から口に近づける等、お客さんから習った手話でやりとりしています。そのほか、視覚に障害のある人、車椅子使用者等、さまざまな障害のある人たちが毎日訪れています。さまざまなタイプの上肢に障害のある人も訪れますが、一般の箸を使用することが困難だと思われるお客さんに対して、店主は、自分用の箸やフォークを持ってきているかを絶妙のタイミングで聞きます。そして、持参してきていない場合は、40年間の経験で集めたさまざまな箸、フォーク、スプーン

の中から、その人の身体特性に一番適したものを、さりげなく料理を出すときに合わせて出すのです。まるでリハビリテーションの専門家のように、むしろそれ以上に、目の前の人が使えるモノを選択しているのです。

② 考えるコツ①　心の目線を合わせる

　3つの事例を紹介しましたが、共通していることがいくつかあります。1つ目は、対象となる人との目線を合わせることです。目線を合わせるというと、車椅子を使用している人と話をするときには、かがんで目の高さを合わせて話しましょうといったことではありません。車椅子を使用している人の目線の高さを合わせることを否定するわけではありませんが、物理的な目線の合わせ方（突然とか、後ろからとか、声かけもなくとか）は、人によっては、望まない目の合わせ方、一方的な目の合わせ方になってしまうこともあります。いつでも、誰とでも、どこでも物理的に視線を合わせることが良いということではありません。

　ここでいう目線とは、心の目線を指しています。心の目線とは、相手の立場に立って考えることを意味します。

　透明な部分のあるマスクは聴覚に障害のある人の立場で、改札口でのカチカチの大きな音は改札口の場所が分かりづらい視覚に障害のある人の立場で、そして、さまざまな種類の箸やスプーンやフォークは上肢に障害のある人の立場に立って考えた結果出てきた工夫です。

　これら3つの事例すべてにおいて、「視覚障害者は〇〇だ」「聴覚障害者は△△だ」といった会話やコミュニケーションなしの想像のみで出てきた思いつきではないということが、とても重要です。

③ 考えるコツ②　さまざまな意見に耳を傾ける

　考えるコツの２つ目は、不便さを抱えている人である当事者、その周りの人、自分と意見が同じ人や違う人等、幅広く意見に耳を傾けることです。

　「気づくコツ」でも説明したことと同様、耳を傾けるときに邪魔をするのは、自分の中にある思い込みである場合が往々にしてあります。自分と同じ考えは受けとめやすいですが、異なる意見にこそ耳を傾けることで、今まで解けなかった課題が解けることもあります。

　障害のある人たちが抱えている不便さやニーズは、多種多様です。そのため、どの課題にも通じる方程式は存在しないと考えるとよいでしょう。私たちに必要なのは、多くの引き出しをつくっておくことです。その引き出しの中に多くのことを入れるためには、多くの考えを、自分から積極的に聞きにいくことが重要です。

◆◆◆ ポイント ◆◆◆

・気づいて、知ったことを、行動に移すことは、共生社会をつくっていくために必要なことだが、行動は複数の方法があり、そのどれを選択、もしくは複数実施するかを、考えることが重要である。

・すぐに結論を出す必要がある緊急を要する事項、じっくり検討することが必要な事項のどちらなのか、見極めを行う。

・考えるとき、当事者と共に考えることで発想が広がったり、必要性がさらに確認できる。

・"Nothing about us without us"
　（私たち抜きに私たちのことを決めないで）

4 行動する

　共生社会をつくる一員であるためには、気づいて、知って、考えたことを、行動に移すことが重要です。

　そして、行動する際には、行動範囲を狭めることなく、無理のない範囲で、広く行動に移していきましょう。

　また、「気づき」「知り」「考えた」上で、すべての人が暮らしやすくなるために行動に移した場合であっても、実行した後に不都合が生じた場合には、さらに、それらを改善する行動が必要になります。

① 日本人の特性と行動

(1) 山登りの例

　私自身が経験した山登りを例にあげて説明していきます。

　東京八王子にある高尾山は、標高 599 メートル、登山口は複数ありますが、大別すると舗装されている道か否かに分かれます。土の感触を足裏で確認しながら舗装されていない道を登っていると、下山する人、追い越していく人、休憩している人たちとすれ違うごとに「こんにちは」というあいさつを自然に交わす光景が見られます。そのあいさつは、家庭内での家族、学校での友達、職場での同僚に行うのとほぼ同じ感覚で自然なものです。あいさつはほんの一瞬ですが、同じ山を同じ時間に共有しているという連帯感が生まれるのです。この一瞬の連帯感は、心の中で持続し、頂上を目指す気持ちの後押しにもなります。特に、頂上直前にある 300 段近い階段を登るときには、その連帯感が力を発揮してくれます。

およそ1時間半で頂上に着くと、お弁当を食べる人、高尾山と書かれた看板の前で写真を撮る人等、さまざまな形で登頂した達成感を味わっています。このようなつかの間の達成感の後には下りが待っています。舗装されている道を下りはじめてからすれ違う「登る人たち」は、頂上間近のため、肉体的に一番きつい状態のはずですが、舗装されていない土の道と違い、お互いあいさつを交わすことはほぼありません。その後も、舗装されたコンクリートの道では、ほぼ、あいさつは交わさないままの下山となりました。

(2) 世間と社会

　劇作家で演出家の鴻上尚史さんが書かれた『空気を読んで従わない』（岩波ジュニア新書）には、日本人には「世間」はあるけれど、「社会」はなく、欧米人には、「社会」はあるけれど「世間」の意識は少ないと書かれています。世間とは、家族・親戚、学校の友達、仕事仲間、地域等の、限られた範囲を指しています。同じ世間にいる人同士の仲間意識は高いけれど、その世間に入っていない人への仲間意識はほとんどない、もしくは薄いと述べています。それに対して1つの神を信じる1神教の多い欧米の人は、世間という感覚は薄く、自ら信じる神以外は「他」であるため、世間という一部のつながりではなく、自分の周りは直接「社会」となっていると鴻上さんは説いています。日本人の場合、自分の周りにはまず「世間」があり、その向こうに「社会」があるという構図です。

　世間の中であれば、あいさつを交わし、いざとなったら手助けするという関係が成り立っているのです。それは一見、無条件での助け合いの文化で、日本社会で暮らしていく上では、必要不可欠なことだったと想像します。しかし弱点もあります。その世間の外側にいる人に対しては、どう接していいのか、そもそも接すること自体が、自分の所属している「世間」から許されるか等の範囲の制限であるのです。

　高尾山で例えると、舗装されていない登山道では「世間」が形成され

ていますが、舗装された登山道では、「世間」が形成されていません。舗装された登山道は自分に直接関係ない「社会」ということになります。世間以外の場所（社会）で、困難に直面している人に声をかけてニーズにあった支援をする社会をつくるためには、どんな条件が必要なのでしょうか。世間と社会の理解を深めることが、共生社会に向けて大きなヒントがあるように思えます。

　次に、「気づく」「知る」「考える」「行動する」を実践した事例（岩波ジュニア新書『障害者とともに働く』（藤井克徳・星川安之）より一部抜粋・再編集）を紹介します。

② 「行動する」事例　〜その方は、喋れるのですか？

　大手製造メーカーA社の製品企画担当者は30数年前、自社の新製品を視覚障害者でも使えるようにと試作段階で工夫を試みました。サンプルが出来上がってきたのですが、実用化のためには視覚障害のある当事者に試してもらう必要があります。けれども、社内に視覚に障害のある社員はいません。試作品のため外部に持ち出すことができなかったため、担当者は知り合いの視覚障害者に頼んで会社に来て試してもらうことにしました。

　担当者は人事部長にも視覚障害者が会社に来ることを伝えておこうと軽い気持ちで事前に報告をしたところ、人事部長の顔色が変わったのです。そして矢継ぎ早に、「その方のために、駅から点字ブロックは敷かなくてもいいのか」「トイレはどうするんだ」と。しまいには、「その方は、喋れるのか」と、担当者に聞いてきたのです。

　この人事部長は、障害者に対して特に差別の意識を持っている人ではないのですが、今まで彼が生きてきた中で、視覚障害者と直接話す機会が一度もありませんでした。そのため、担当者は人事部長の質問に驚きながらも、驚いた様子を見せずに淡々と、明日来社するので、今からで

は駅から会社までの道に点字ブロックを敷くことはできないことと、駅まで自分が迎えに行って、会社まで同行するから問題ないこと、障害者用トイレは、車椅子使用者には必要だけれど、視覚に障害のある人には一般のトイレで問題ないこと、ただし個室を利用する場合には、トイレットペーパーの位置と流すボタンの位置を伝えておくことが必要であるといったことを、丁寧に説明しました。そして最後の「その方は喋れるのか」の質問には、「先ほども、電話で彼女と明日のことを打ち合わせしました」と伝えました。

　そして迎えた当日、サンプル製品モニターが終わり、人事部長が視覚に障害のある彼女と会ったところ、明るく自己紹介をする彼女につられて話がはずみ、点字ブロックやトイレのことまで話が盛り上がっていました。

　担当者が、駅まで彼女を見送ってから会社に戻り人事部長のところに行くと、部長は難しい数学の応用問題を解いたあとのようにすっきりとした笑顔で、納得したといううなずきを何度もその担当者にしていたとのことです。

　数年後、その人事部長は役員に昇格しました。役職に就いた初めての役員会で、彼はある提案をしました。「我が社は、消費者が使う製品を企画・開発・販売している。お客さまの中には、障害のある方も多くいらっしゃる。そのため、我が社は、障害のある社員を採用すべきである」。

　その提案は、満場一致で賛同を得て、1993 年に視覚に障害のある社員が同社に入社。彼女が入社後、多くの障害のある人たちも使える共用品を世に送り出し続けています。

　これからの学習の中では、さまざまな人が感じている、さまざまな不便さや便利さを紹介していきます。

　同じ障害名であっても、不便さ・便利さが同じかどうか、同じ場合・違う場合、それぞれの場面で、どう「気づいて」、何を「知って」、どの

ように「考え」れば、「行動」に結びつくか、そんな視点でそれぞれの人
たちの不便さ・便利さと接していただけたらと思います。

・気づいて、知って、考えるで終わるのでなく、行動することが重要
　である。
・知らないことは、知る意思があるかで 180 度変われる。
・行動に移すには、時に、根気と勇気が必要。
・行動に移すには、今までの発想の転換が必要 (な時がある)。
・行動する範囲を広げる。世間 (知り合いのみ) から社会へ (大多数が他
　人)。

確 認 テ ス ト

Q 共生社会と「気づく」ことの関係に関する以下の①～③のうち、最も適切なものを1つ選びなさい。

---

① 共生社会においては、誰がどのような状況になっているかに気づくことがはじまりである。

② 共生社会においては、不便さを感じている人たちが主張するまで待っていることが大切である。

③ 共生社会においては、それぞれ自分1人ですべて行うことが求められるので、他人の状況に関心を持つことはやめるべきである。

🌸 **解説** 共生社会は、お互いに共生社会を阻害することやモノ（課題）に気づくところからはじまります。受け身で待っているのではなく、自ら見つけにいくこと、課題に対しては1人で解決できない場合には連携してその解決に向かうことも重要です（22～25頁参照）。よって、最も適切なのは選択肢①となります。

Q 以下の①～③のうち、共生社会の一員として適切でないものを1つ選びなさい。

---

① 不便と感じるのは人それぞれなので、視覚障害者が参加する会議においては、個別対応を検討する必要があることに気づく。

② 新型ウイルス対策として着用が義務づけられている「マスク」の多くは、相手の口の形を読んでいる聴覚障害者のコミュニケーションを困難にしていることに気づく。

③ 障害者（または当事者）に、話を聞く際、障害者（または当事者）ではなく、介助者や通訳者に聞く。

✿ **解説** 障害のある人との各種会議等では、どんなことがコミュニケーションの妨げになるかを把握しておくことは重要です。また、障害のある人が、介助者や通訳者と一緒に来ている場合でも、コミュニケーションをとる相手は障害当事者であることを忘れてはなりません（33 ～ 37、128 ～ 133 頁参照）。よって、適切でないのは選択肢③となります。

Q 以下の①～③のうち、共生社会を実現するために最も適切なものを 1 つ選びなさい。

① 気づいて、知ったこと（課題）をもとに、自分 1 人、単独で考える。

② 気づいて、知ったことを参考に、どんな課題があるかを、異なる立場の人たちと意見を出し合い、課題を明確にし、どんな行動をするか検討する。

③ どんな時も、考える時間を十分にとって、失敗しない行動を導き出す。

✿ **解説** 共生社会を実現するために課題を解決するためには、異なる立場の人たちで、意見を出し合って解決案を導き出していくことが望まれます。時には、解決することが急がれる課題もあります（39 ～ 40 頁参照）。よって、最も適切なのは選択肢②となります。

Q 次の事例を読み、以下の①～③のうち、共生社会の一員として最も相応しい対応をしているものを 1 つ選びなさい。

新型ウイルスの感染拡大を防ぐために、マスクの着用、消毒液での手の消毒、人との間隔を空ける等、新しい生活様式として導入されているが、障害のある人たちの中には、守ろうとしても守ることが困難な人たちがいる。

① 新しい生活様式を導入する場合、障害のある人たちがそれを行うことが可能かを事前に調査して「気づく」ことが何より大事である。

② 新しい生活様式を導入する場合、障害のある人たちがそれを行うことが可能かを事前に調査し、実施可能な方法を実行し、必要に応じて改善を行う。

③ 緊急事態宣言下は、障害者の来店を断り、店と障害者の安全を確保する。

🍀 **解説**　ルールやガイドラインをつくる時には、対象となる人や、行動するためにはどのような配慮が必要かを確認することが必要です。さらに、行動している段階で、実施困難な人や事項が見つかれば、ガイドラインを見直し修正することも重要です（41 〜 45 頁参照）。よって、最も相応しいのは選択肢②となります。

Q　以下の①〜③のうち、共生社会をつくっていくときに、行動する範囲の的確な決め方を示しているものとして、最も適切なものを１つ選びなさい。

① 家族、親戚、ご近所、学校、会社等、身近な範囲の課題を解決する行動を逸脱しないことが重要である。
② 無理をしてでも広い範囲の課題にはじめから取りかかることが望ましい。
③ 必要に応じて、課題を絞り、絞った中で行動し、徐々に広げていくことが望ましい。

🍀 **解説**　共生社会の実現を目指すためには、行動する範囲を狭めるのではなく、広い範囲で行動が広がることが望ましいです。ただし、はじめからすべてに向けて行動することが困難な場合は、最初は無理をせず、はじめは課題を絞り、その後徐々に活動を広げていくことも考慮するとよいでしょう（41 〜 45 頁参照）。したがって、最も適切なのは選択肢③となります。

第2章

障害を知る

　この章は、第1章で学んだ考えをベースに、共生社会に興味を持ち、「気づき」「知る」ことを学び、「考える」「行動する」につなげていくきっかけの章となります。そのために「障害」の概要や「障害」に対する考え方を知り、それらを解決するための方法である「当事者を知る（さまざまな生の声を聞く）」ことの大切さを学びます。

1 「障害」という表記・表現

　第3章以降では、障害のある人たちの生の声を紹介していきます。しかしその前に、そもそも障害とは何か、まずは「障害」という言葉について考えていきましょう。

① 『広辞苑』の定義

　『広辞苑』で「障害」をひくと、「①さわり。さまたげ。じゃま。②身体器官に何らかのさわりがあって機能を果たさないこと」とあります。①の「さわり」をさらにひくと、「さまたげ、さしつかえ、障害」と記載されています。これに「物」が付くと障害物となり、障害物競走の語釈では、走路に種々の障害物を置き、それらを越えながらゴールにたどり着く競走とあります。

　障害に「物」ではなく、「者」が付いた障害者では、「身体障害・知的障害・精神障害があるため、日常生活・社会生活に継続的に相当な制限を受ける者」の語釈の後に、「障碍者、チャレンジド」とあり、障害の意味する「さまたげ」や「じゃま」は、「者」である人側ではなく、社会の側にあると理解することができます。

　しかし、果たして、人を表す言葉として「障害者」という言葉は適切なのでしょうか。

　みなさんは、どう思われますか。

② 表記方法

　近年、「障害者」という言葉は不適切だと言う声が、大きくなってきています。漢字の「害」の字が問題であり、「碍」とか、「がい」と、ひらがなにする等の案が出ています。それに対して、「碍」は当用漢字ではないとか、「がい」とひらがなにすると、漢字とひらがなが混じるため、かえって違和感がある等、議論になっていますが、現在、結論は出ていません。

　文部科学省の障がい者制度改革推進会議では、表記についてさまざまな見解があることを踏まえ、今後とも、引き続き審議を行うとされていて、「障害者」「障碍者」「障がい者」でも、今の時点はどれも使用してはいけないということはありません。

③ 表現方法

　障害者という表現に関しても、異なる言い回しが使われています。「障害者」「障害をもっている人」「○○障害をお持ちの方」「障害のある人」等です。

　2001（平成13）年に国際標準化機構（ISO）から発行されたガイドのタイトルは、『規格作成者のための高齢者・障害のある人への配慮設計指針』でした。「障害者」ではなく、「障害のある人」で、英語では、"persons with disabilities"であって、"disable person"ではありません。障害者というと、多くの国で、公的機関から障害と認定された障害者手帳を持っている人を指します。けれども、障害者手帳を持っていなくても、手帳保持者と同程度もしくはそれ以上の不便さがある人もいます。そのために、障害のある人という表現になっています。

　障害者、障碍者、障がい者の漢字とひらがなの表記や、障害者、障害のある人等の言い方については、単なる言葉の問題ではなく、差別、人

権、リスペクト等さまざまな要素が関係してきます。どの言葉が良いか
ではなく、関係する相手の考えや気持ちと大いに関係してきます。

　共生社会をつくっていく上でも、あなた自身で表現方法についてしっ
かり考えていただけたらと思います。

・「障害」という言葉の意味を考えてみる。
・「障害者」の表記方法、表現方法に法令等で決められたものはない。
・表記方法、表現方法は、関係する相手の考えや気持ちを尊重するこ
　とが重要である。

2 障害の定義
～法令等から知る

　公的機関が発行している条約、法令、指針等では、対象者を明確にするために、障害者を定義しています。以下、どのように表現しているかをみていきたいと思います。

① 条約（国際的合意）

■ 障害者の権利に関する条約（障害者権利条約）

　2006（平成18）年12月、第61回国連総会で採択され、2008（平成20）年5月に国内で発効された「障害者の権利に関する条約」第一条において、障害者を定義しています。

第一条

　（略）

　障害者には、長期的な身体的、精神的、知的又は感覚的な機能障害であって、様々な障壁との相互作用により他の者と平等を基礎として社会に完全かつ効果的に参加することを妨げ得るものを有する者を含む。

② 法令

■ 障害者基本法

　1970（昭和45）年制定（昭和45年法律第84号）、2013（平成25）年に改正された障害者基本法（平成25年法律第65号）では、第二条に障害者の定義が記されています。

第二条　この法律において、次の各号に掲げる用語の意義は、それぞれ当該各号に定めるところによる。

　一　障害者　身体障害、知的障害、精神障害（発達障害を含む。）その他の心身の機能の障害（以下「障害」と総称する。）がある者であつて、障害及び社会的障壁により継続的に日常生活又は社会生活に相当な制限を受ける状態にあるものをいう。

　二　社会的障壁　障害がある者にとつて日常生活又は社会生活を営む上で障壁となるような社会における事物、制度、慣行、観念その他一切のものをいう。

■ 障害者自立支援法

　「障害者自立支援法」（平成 17 年法律第 123 号）は、2006（平成 18）年 4 月から一部施行、同年 10 月から全面施行されています。この法律は、障害者基本法の基本的理念にのっとり、これまでの「身体障害者福祉法」「知的障害者福祉法」「精神保健福祉法」「児童福祉法」といった障害種別ごとに異なる法律に基づいて自立支援の観点から提供されてきた福祉サービス、公費負担医療等について、共通の制度の下で一元的に提供する仕組みを創設することとしています。

　なお、同法は、2013（平成 25）年 4 月 1 日から、「障害者総合支援法」となっています。

　この法律の第四条に障害者の定義があります。

第四条　この法律において「障害者」とは、身体障害者福祉法第四条に規定する身体障害者、知的障害者福祉法にいう知的障害者のうち十八歳以上である者及び精神保健及び精神障害者福祉に関する法律第五条に規定する精神障害者（知的障害者福祉法にいう知的障害者を除く。以下「精神障害者」という。）のうち十八歳以上である者をいう。

2　この法律において「障害児」とは、児童福祉法第四条第二項に規定する障害児及び精神障害者のうち十八歳未満である者をいう。

3　この法律において「保護者」とは、児童福祉法第六条に規定する保護者をい

う。

4　この法律において「障害程度区分」とは、障害者等に対する障害福祉サービスの必要性を明らかにするため当該障害者等の心身の状態を総合的に示すものとして厚生労働省令で定める区分をいう。

■ 障害者総合支援法

　2013（平成25）年4月1日に施行された「障害者総合支援法」（障害者の日常生活及び社会生活を総合的に支援するための法律）は、地域社会における共生の実現に向けて、障害福祉サービスの充実等障害者の日常生活および社会生活を総合的に支援するため、新たな障害保健福祉施策を講ずるための法律であり、第四条において「障害者自立支援法」から障害の範囲が見直されています（太字箇所）。

第四条　この法律において「障害者」とは、身体障害者福祉法第四条に規定する身体障害者、知的障害者福祉法にいう知的障害者のうち十八歳以上である者及び精神保健及び精神障害者福祉に関する法律第五条に規定する精神障害者（発達障害者支援法（平成十六年法律第百六十七号）第二条第二項に規定する発達障害者を含み、知的障害者福祉法にいう知的障害者を除く。以下「精神障害者」という。）のうち十八歳以上である者**並びに治療方法が確立していない疾病その他の特殊の疾病であって政令で定めるものによる障害の程度が厚生労働大臣が定める程度である者であって十八歳以上であるもの**をいう。
（略）

■ 高齢者、障害者等の移動等の円滑化の促進に関する法律

　2006（平成18）年6月21日公布、同年12月20日施行の「高齢者、障害者等の移動等の円滑化の促進に関する法律」（バリアフリー法）は、一定規模以上の特別特定建築物、例えば不特定多数の者が利用する、主として高齢者や障害者等が利用する病院、百貨店、ホテル等やそのほかの特定建築物となる学校等に対して高齢者、障害者等の移動等を円滑に

するための法律であり、第二条で、障害者と高齢者に関して次のように示しています。

第二条　この法律において次の各号に掲げる用語の意義は、それぞれ当該各号に定めるところによる。
　　一　高齢者、障害者等　高齢者又は障害者で日常生活又は社会生活に身体の機能上の制限を受けるものその他日常生活又は社会生活に身体の機能上の制限を受ける者をいう。
　　（略）

　なお、高齢者、障害者等の移動等の円滑化の促進に関する法律は、2018（平成30）年12月の「ユニバーサル社会実現推進法」の公布・施行等により、「心のバリアフリー」に係る施策等ソフト対策等を強化する観点から、法律の一部を改正しています。

■ 災害弔慰金の支給等に関する法律

　1973（昭和48）年9月18日公布「災害弔慰金の支給等に関する法律」（昭和48年法律第82号）は、障害に関しての直接的な法律ではないですが、災害に弔慰金を支給する対象である「障害者」を第八条で示すと共に、附則の別表に障害者の定義が示されています。

第八条　市町村は、条例の定めるところにより、災害により負傷し、又は疾病にかかり、治つたとき（その症状が固定したときを含む。）に精神又は身体に別表に掲げる程度の障害がある住民（次項において「障害者」という。）に対し、災害障害見舞金の支給を行うことができる。
　　（略）

● 別表（第八条関係）（昭和57年法律第70号による追加）
　　一　両眼が失明したもの
　　二　咀嚼及び言語の機能を廃したもの
　　三　神経系統の機能又は精神に著しい障害を残し、常に介護を要するもの

四　胸腹部臓器の機能に著しい障害を残し、常に介護を要するもの

五　両上肢をひじ関節以上で失つたもの

六　両上肢の用を全廃したもの

七　両下肢をひざ関節以上で失つたもの

八　両下肢の用を全廃したもの

九　精神又は身体の障害が重複する場合における当該重複する障害の程度が前各
　　号と同程度以上と認められるもの

■ 身体障害者福祉法

　1949（昭和 24）年施行「身体障害者福祉法」（昭和 24 年法律第 283 号）
では、第四条に「身体障害者」を示しています。

　なお、同法は、「精神保健福祉法」「児童福祉法」「知的障害者福祉法」
を一元化する形で、2006（平成 18）年 4 月から「障害者自立支援法」へ、
そして 2013（平成 25）年 4 月からは「障害者総合支援法」となってい
ます。

第四条　この法律において、「身体障害者」とは、別表に掲げる身体上の障害が
　　ある十八歳以上の者であつて、都道府県知事から身体障害者手帳の交付を受
　　けたものをいう。

● 別表（第四条、第十五条、第十六条関係）
　一　次に掲げる視覚障害で、永続するもの
　　1　両眼の視力（万国式試視力表によつて測つたものをいい、屈折異常がある
　　　者については、矯正視力について測つたものをいう。以下同じ。）がそれぞれ
　　　0.1 以下のもの
　　2　一眼の視力が 0.02 以下、他眼の視力が 0.6 以下のもの
　　3　両眼の視野がそれぞれ 10 度以内のもの
　　4　両眼による視野の 2 分の 1 以上が欠けているもの
　二　次に掲げる聴覚又は平衡機能の障害で、永続するもの
　　1　両耳の聴力レベルがそれぞれ 70 デシベル以上のもの
　　2　一耳の聴力レベルが 90 デシベル以上、他耳の聴力レベルが 50 デシベル

以上のもの

　　3　両耳による普通話声の最良の語音明瞭度が 50 パーセント以下のもの

　　4　平衡機能の著しい障害

三　次に掲げる音声機能、言語機能又はそしやく機能の障害

　　1　音声機能、言語機能又はそしやく機能の喪失

　　2　音声機能、言語機能又はそしやく機能の著しい障害で、永続するもの

四　次に掲げる肢体不自由

　　1　一上肢、一下肢又は体幹の機能の著しい障害で、永続するもの

　　2　一上肢のおや指を指骨間関節以上で欠くもの又はひとさし指を含めて一上
　　　肢の二指以上をそれぞれ第一指骨間関節以上で欠くもの

　　3　一下肢をリスフラン関節以上で欠くもの

　　4　両下肢のすべての指を欠くもの

　　5　一上肢のおや指の機能の著しい障害又はひとさし指を含めて一上肢の三指
　　　以上の機能の著しい障害で、永続するもの

　　6　　1 から 5 までに掲げるもののほか、その程度が 1 から 5 までに掲げる障害
　　　の程度以上であると認められる障害

五　心臓、じん臓又は呼吸器の機能の障害その他政令で定める障害で、永続し、
　　かつ、日常生活が著しい制限を受ける程度であると認められるもの

■ 精神保健及び精神障害者福祉に関する法律（精神保健福祉法）

　1950（昭和 25）年施行「精神保健及び精神障害者福祉に関する法律」
（昭和 25 年法律第 23 号）第五条に、「精神障害者」を示しています。

　なお、同法は、「精神保健福祉法」「児童福祉法」「知的障害者福祉法」
を一元化する形で、2006（平成 18）年 4 月から「障害者自立支援法」へ、
そして 2013（平成 25）年 4 月からは「障害者総合支援法」となっていま
す。

　第五条　この法律で「精神障害者」とは、統合失調症、精神作用物質による急性
　　中毒又はその依存症、知的障害、精神病質その他の精神疾患を有する者をいう。

■ 児童福祉法

　1948（昭和23）年施行「児童福祉法」（昭和22年法律第164号）では、第四条で「障害児」について示されています。

　なお、同法は、「精神保健福祉法」「児童福祉法」「知的障害者福祉法」を一元化する形で、2006（平成18）年4月から「障害者自立支援法」へ、そして2013（平成25）年4月からは「障害者総合支援法」となっています。

第四条　（略）
2　この法律で、障害児とは、身体に障害のある児童、知的障害のある児童、精神に障害のある児童（発達障害者支援法（平成十六年法律第百六十七号）第二条第二項に規定する発達障害児を含む。）又は治療方法が確立していない疾病その他の特殊の疾病であつて障害者の日常生活及び社会生活を総合的に支援するための法律（平成十七年法律第百二十三号）第四条第一項の政令で定めるものによる障害の程度が同項の厚生労働大臣が定める程度である児童をいう。

■ 発達障害者支援法

　2004（平成16）年制定「発達障害者支援法」（平成16年法律第167号）は、発達障害者には症状の発現後できるだけ早期の発達支援が重要であり、早期発見、支援を行うことの国や地方公共団体の責務を明らかにして、学校教育等でも支援を図ることとしています。第二条では、発達障害を下記のように示しています。

第二条　この法律において「発達障害」とは、自閉症、アスペルガー症候群その他の広汎性発達障害、学習障害、注意欠陥多動性障害その他これに類する脳機能の障害であってその症状が通常低年齢において発現するものとして政令で定めるものをいう。
2　この法律において「発達障害者」とは、発達障害を有するために日常生活又は社会生活に制限を受ける者をいい、「発達障害児」とは、発達障害者のうち

十八歳未満のものをいう。

3　この法律において「発達支援」とは、発達障害者に対し、その心理機能の適正な発達を支援し、及び円滑な社会生活を促進するため行う発達障害の特性に対応した医療的、福祉的及び教育的援助をいう。

4　(略)

■ 発達障害者支援法施行令

　2005（平成 17）年に施行された「発達障害者支援法施行令」（平成 17 年政令第 150 号）では、第一条に発達障害を下記のように定義しています。

第一条　発達障害者支援法（以下「法」という。）第二条第一項の政令で定める障害は、脳機能の障害であってその症状が通常低年齢において発現するもののうち、言語の障害、協調運動の障害その他厚生労働省令で定める障害とする。

○発達障害者支援法施行規則（平成 17 年厚生労働省令第 81 号）
　発達障害者支援法施行令第一の厚生労働省令で定める障害は、心理的発達の障害並びに行動及び情緒の障害（自閉症、アスペルガー症候群その他の広汎性発達障害、学習障害、注意欠陥多動性障害、言語の障害及び協調運動の障害を除く。）とする。

■ その他

所得税法（昭和 40 年法律第 33 号）
　　第二条　この法律において、次の各号に掲げる用語の意義は、当該各号に定めるところによる。
　　（略）
　　二十八　障害者　精神上の障害により事理を弁識する能力を欠く常況にある者、失明者その他の精神又は身体に障害がある者で政令で定めるものをいう。
　　（略）

このように、普段は気がつかない法令にもその定義が記されています。
疑問に思ったとき、ふとしたときに調べてみることをおすすめします。

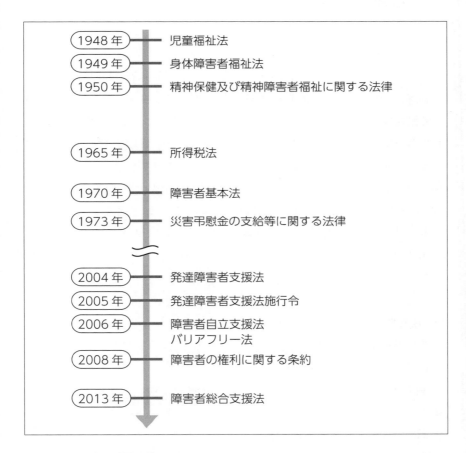

1948年	児童福祉法
1949年	身体障害者福祉法
1950年	精神保健及び精神障害者福祉に関する法律
1965年	所得税法
1970年	障害者基本法
1973年	災害弔慰金の支給等に関する法律
2004年	発達障害者支援法
2005年	発達障害者支援法施行令
2006年	障害者自立支援法 バリアフリー法
2008年	障害者の権利に関する条約
2013年	障害者総合支援法

ポイント

・条約から各法令等において、「障害」についてどのように定義されて
いるかを知る。
・障害に関するさまざまな法令を知る。

3 各障害の概要

　障害については、日本産業規格（JIS、第6章⑮参照）の「高齢者・障害者配慮設計指針－アクセシブルミーティング」において説明されていますので紹介していきます。また、精神障害と発達障害については独立行政法人高齢・障害・求職者雇用支援機構の定義（https://www.jeed.go.jp/disability/data/handbook/ca_ls/q2k4vk000000tvst-att/q2k4vk000000tvwh.pdf）、高齢者については、厚生労働省（「e－ヘルスネット」）の定義（https://www.e-healthnet.mhlw.go.jp/information/dictionary/alcohol/ya-032.html）を編集・一部抜粋して紹介します。

(1) 視覚障害

　視覚障害は、社会生活を行う観点からの「盲」「弱視（ロービジョン）」および「色弱」に分かれます。

　「盲」は視力ゼロからこれに近い視力障害で、視覚による社会生活が困難なものをいいます。「弱視」は両眼による矯正視力が、0.3未満で視覚による社会生活は可能であるが非常に不自由なものをいいます。

　「色弱」はまったく色の感覚がないものから、赤－黄－緑領域での細かい色の区別が困難なものなどをいいます。

(2) 聴覚障害

　聴覚障害とは聴感覚に何らかの障害があるため、まったく聞こえないか、聞こえにくいことをいいます。

まったく聞こえないかほとんど聞こえず、手話など視覚的なコミュニケーション手段などを用いる人を「ろう者」、補聴器などを用いて音声によるコミュニケーションが図れる人を「難聴者」、聴覚障害が生まれつきでない人を「中途失聴者」という場合もあります。

(3) 肢体不自由

　上肢障害とは、上肢の自由が利かないことを言います。手を動かすことが不自由な場合は、資料をめくること、文字を書きとめる動作などが困難な場合もあります。

　下肢障害とは下肢の自由が利かないため、歩行が不自由な状態のことを言います。下肢が不自由な人は、車椅子（電動、手動）または杖を使用して移動が可能になる場合があります。

(4) 知的障害

　知的障害とはものを覚えたり、理解したり、記憶することに不自由がある状態のことをいいます。

(5) 精神障害

　以下は、独立行政法人高齢・障害・求職者雇用支援機構のウェブサイトからの引用です。

　精神障害は、さまざまな精神疾患が原因となって起こります。主な精神疾患には、統合失調症、気分障害（うつ病、そううつ病など）、精神作用物質（アルコール、シンナーなど）による精神疾患などがあります。

　厚生労働省では、障害者雇用促進のための各種助成金制度などの対象となる精神障害者の範囲を、「精神障害者保健福祉手帳の交付を受けている人」か「統合失調症、そううつ病（そう病、うつ病を含む）、てんかんにかかっている人」で「症状が安定し、就労が可能な状態にある人」と

しています。

　また、雇用率の算定対象となる精神障害者の範囲を、「精神障害者保健福祉手帳の交付を受けている人」としています。

　なお、てんかんは、WHO 国際疾病分類では「神経系及び感覚器の疾患」の一部とされていますが、厚生労働省の障害者施策においては精神障害者に対する施策の対象としています。

(6) 発達障害

　以下は、独立行政法人高齢・障害・求職者雇用支援機構のウェブサイトからの引用です。

　発達障害は、発達障害者支援法において、自閉症、アスペルガー症候群その他の広汎性発達障害、学習障害、注意欠陥多動性障害その他これに類する脳機能の障害であってその症状が通常低年齢において発現するものとされています。

　発達障害者のなかには、精神障害者保健福祉手帳や療育手帳の交付を受けて障害者雇用における支援施策を活用している人たちも少なくありませんが、そのどちらの手帳も持たない発達障害者についても、障害者の雇用支援施策が適用できる場合もあります。

　発達障害の特性として、社会性・想像力・コミュニケーションの三つの側面に独特な特徴を持っている人が多いほか、不注意、衝動性、多動性、感覚過敏、運動や読み、書き、計算の苦手さといった特徴を有している人もいます。

　特性の表れ方は多様であるため、一人ひとりに合った支援が必要となります。

(7) 高齢者

　65 歳以上の人のことを、高齢者と言います。

以下は、厚生労働省のｅ－ヘルスネット［情報提供］ウェブサイトからの引用です。

　国連の世界保健機関（WHO）の定義では、65 歳以上の人のことを高齢者としています。
65 － 74 歳までを前期高齢者、75 歳以上を後期高齢者と呼びます。

ポイント

・身体的特性が、JIS 等においてどのように定義づけられているかを知る。

4 共生社会の一員になる ためのステップ

～「不便さ調査」と「良かったこと調査」から学ぶ

① 生の声を知る

　ここまで障害の定義について紹介してきましたが、第1章において、共生社会の一員になるためには、「気づく」必要があり、そのために思い込みを脱しようと説明してきました。

　定義も同様です。法令等によって障害について定義づけられていますが、実際はもっとさまざまな障害があり、症状もさまざまです。定義がすべての人に当てはまるという思い込みを持たないことが必要です。

　それらを理解して共生社会の一員になるための次のステップへ進みましょう。

　そのためには"Nothing about us without us"（私たち抜きに私たちのことを決めないで）のメッセージを思い出し、当事者とかかわり、当事者の生の声を知ることが大切です。

　それでは、どうすれば当事者の生の声を知ることができるでしょうか。

　具体的には、以下の2つの方法があります。

(1) 不便なことを知る　～マイナスをゼロへ

　1つ目の方法は、障害のある人にとって、不便なことを知ることです。第1章で説明した通り、公益財団法人共用品推進機構が行ってきた日常生活における不便さのアンケート調査報告書が活用できます。不便さを知る、不便なことが明らかになることで、その不便さの解決につながります。言い換えると、「マイナスがゼロに戻る」ということになります。

(2) 良かったことを知る　～ゼロからプラスへ

　2つ目の方法は、障害のある人にとって良かったことを知ることになります。これは、「ゼロからさらにプラス」にするための必要な声です。また、不便さの解決方法を理解し、考え、行動するためのヒントになる貴重な声です。

　共用品推進機構をはじめとして、複数の障害当事者団体と話し合いがもたれ、日本産業規格（JIS）を活用している製品だけではなく、さらに工夫を重ねた製品に関して「使って良かった製品」という発想で調査が行われました。2013 年度の「旅行に関する良かったこと調査」を契機に、14 年度に「コンビニエンスストア」、15 年度に「医療機関」、16 年度に「家電製品、家事の道具等」、17 年度に「パッケージ」、18 年度に「東京杉並区」、19 年度に「公共トイレ」に関する良かったこと調査が行われています。

　詳細な調査報告書内容については、以下より確認してみてください。

○公共トイレに関する良かったこと調査成果報告書（2019 年度）

　https://www.kyoyohin.org/ja/research/pdf/report_of_restroom2020.pdf

○共生社会を目指した地域の取組みに関する調査報告書

　～東京・杉並区の良かったこと調査を通して～

　https://www.kyoyohin.org/ja/research/pdf/report_of_suginami2019.pdf

○パッケージに関する良かったこと調査（2017 年度）

　https://www.kyoyohin.org/ja/research/pdf/report_of_package2018.pdf

○家電製品、家事の道具等に関する良かったこと調査（2016 年度）

　https://www.kyoyohin.org/ja/research/pdf/report_of_homeappliances2017.pdf

○医療機関に関する良かったこと調査（2015 年度）

　https://www.kyoyohin.org/ja/research/pdf/report_of_medicalinstitution2016.pdf

○コンビニエンスストアに関する良かったこと調査（2014 年度）

　https://www.kyoyohin.org/ja/research/pdf/report_of_conveniencestore2015.pdf

○旅行に関する良かったこと調査（2013年度）

https://www.kyoyohin.org/ja/research/pdf/report_of_goodtravel2014.pdf

　これらのアンケート調査から分かった4,052の「『良かったこと』の声」を、障害等種別に、「声かけ」「説明」「誘導」「その他」に分類すると図表4の通りになります。

■ **図表4**　「良かったこと」の声

NO	障害等種別	声かけ	説明	誘導	その他	合計
1	全盲	59	202	201	211	673
2	弱視	41	93	73	129	336
3	ろう	51	174	10	95	330
4	難聴	49	128	15	78	270
5	盲ろう	19	30	27	40	116
6	言語		6		23	29
7	失語		2	2	5	9
8	上肢	3	5	8	23	39
9	下肢	28	16	53	112	209
10	上下肢	9	7	38	128	182
11	リウマチ	36	67	42	308	453
12	パーキンソン	37	48	29	192	306
13	知的障害	20	14	6	86	126
14	精神障害	12	8	3	36	59
15	発達障害	11	38	3	89	141
16	認知症	12	9	2	27	50
17	がん	10	27		127	164
18	高齢者	56	79	136	289	560
	合計	453	953	648	1998	4052

② 生の声から行動へのヒントを学ぶ

　以上の通り、マイナスからゼロへの解決方法である「不便さを知る」ことも、とても大切なことです。

　しかし、一部、画一的な解決になってしまうこともあり、ゼロからプラスにするために必要な「良かったことを知る」ことが、本書の求める共生社会の実現のためのヒントが詰まった最も重要な生の声になります。そのことを知り、「良かったこと調査」での生の声を体験しながら、自分ごととして想像を膨らませて、解決策を考えてもらうために、次章以降では、このような障害がある人の生の声を活かした良かったこと調査を紹介していきます。

・思い込みを持たないために「生の声」を聞くことが重要である。

・「生の声」として「不便なことを知る」ことと「良かったことを知る」ことの 2 つの方法がある。

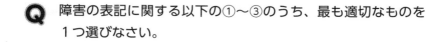

確認テスト

Q 障害の表記に関する以下の①～③のうち、最も適切なものを1つ選びなさい。

① 障害の害の字は、「障がい」と、ひらがなで書く必要がある。

② 障害の害の字は、「碍」を使わなければならない。

③ 障害の「害」の字を、「碍」「がい」を含めどのように書くかの決まりはない。

✿ **解説** 障害の害の字に関しては、障害物のように邪魔な物という意味の単語に使われ、人（者）の場合は、邪魔な人ととらえかねないとの意見が多く、害をひらがなや碍の字を使う案が出されていますが、現時点（2021年4月）において意見統一には至っていません（51頁参照）。よって、最も適切なのは選択肢③となります。

Q 障害者権利条約、障害者差別解消法にある合理的配慮に関する以下の①～③のうち、最も適切なものを1つ選びなさい。

① 合理的配慮とは、障害者からの個別要望であり、要望を受けた側が過度な負担がかからなく行える事項をいう。

② 公的機関は過度な負担なく行える障害者からの個別要望に応えることが望ましい。

③ 合理的配慮を行うのは、公的機関のみで民間事業者には適用されていない。

✿ **解説** 合理的配慮とは、英語の「リーズナブル・アコモデーション」を訳した言葉であり、障害者から個別な要望を受けた機関は、公的機関は義務として、民間機関は努力をすることを課せられています。実施する場合に過度な負担がない場合とあり、過度な負担とは、金銭面、時間的な面等があげられています（5～6、53頁参照）。よって、最も適切なのは選択肢①となります。

Q 障害種別の特徴に関する以下の①〜③うち、適切でないもの
を１つ選びなさい。

① 障害は、身体、知的、精神の３つに区分されており、同じ障害であれば、
同じ不便さを抱えている。

② 障害は、大きくは身体、知的、精神の３つに区分されているが、同じ障害
でも同じ不便さを抱えているとは限らない。

③ 障害は、大きくは身体、知的、精神の３つに区分されているが、障害になっ
た年齢によっても、不便さが異なることもある。

❁ **解説**　日本で障害は、法律によって身体、知的、精神の３つに区分されて
おり、視覚障害、聴覚・言語障害、肢体不自由等は身体に属し、発達障害は
精神障害の分類の中に入ります。分類はされていますが、日常生活の不便さ
等に関しては、個人差が大きく、障害種別と必ずしも一致するものではあり
ません（7〜8、66頁参照）。よって、適切でないのは選択肢①となります。

Q 障害のある人への調査に関する以下の①〜③のうち、共生社
会をつくるために最も適切なものを１つ選びなさい。

① 障害のある人への調査では、不便なことだけを聞けばいい。

② 障害のある人への調査では、良かったことだけを聞けばいい。

③ 障害のある人への調査において、不便さと良かったことを聞いて参考にす
る必要がある。

❁ **解説**　共生社会をつくっていくためには、障害のある人たちの不便さ、良
かったこと両方の調査が重要になります。不便さ調査で明らかになった不便
さを解決に向けて検討し、解決に向けて実行したことを確認するために、良
かったこと調査が有効になります。また、良かったこと調査で出てきた事例
を公開することで、広くその良かったことが広がる可能性もあります（66〜
69頁参照）。よって、最も適切なのは選択肢③となります。

第3章

良かったこと調査

　本章では、第2章で学習した「当事者を知る」ことから、「考えて」「行動する」に繋げていきましょう。そのために、「良かったこと調査」の生の声を知り、さまざまな思い込みを払拭し、今まで学んできたことを思いながら、自分なりの解決方法を考えて、工夫してみてください。

　なお、「良かったこと調査」は第2章で紹介した4,052の「『良かったこと』の声」に基づいて、障害のある人が公共交通機関やコンビニエンスストア（以下、コンビニと言います）等を利用した際に良かったと感じたことを、身体特性ごとに**「事前情報の提供時」「受付等の時」「来場中」「退出時」**の4つの場面に分けて紹介（※）していきます。

※紹介するアンケート調査の記載内容は、分かりやすいように一部抜粋・再編集してあります。

1 身体障害

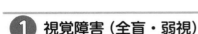

① 視覚障害（全盲・弱視）

(1) 事前情報の提供時

宿泊施設

　事前の予約で視覚障害があることを伝えたところ、宿泊当日、駅からホテルまでの道のりを迷わず歩けるように、駅からホテルまでの道のりを言葉で丁寧に説明してくれた。

店舗・家電販売店

　テレビの操作方法が分からずメーカーに電話で問い合わせた際、視覚障害がある旨を伝えたところ、見えなくてもできる方法でいろいろと説明をしてくれた。

　大型スーパーの家電販売では、製品と一緒に取扱説明書が展示してあったので、取扱説明書の見やすさを事前に確認できた。（弱視）

公共トイレ

　普段利用している美容院の店員さんは、こちらが誘導を頼みやすいように、「お手洗いは大丈夫ですか」と聞いてくれた。

　飲食店でトイレを利用した時、店員さんがトイレの前まで案内してくれて、終わった後も私が座っていた席まで連れて行ってくれた。

　スーパーでトイレの場所が分からず店員さんに聞いたところ、「肘につかまってください」とトイレまで案内してくれて、流すボタン、手洗いの場所を分かりやすく教えてくれた。

アンケートの補足とポイント

- 視覚に障害がある人が、どのような説明であれば場所や、モノが分かるかを知る。
- 視覚に障害のある人の誘導を、どのように、どこまで行えば良いかを理解する。
- 場所の説明をするときには、指示代名詞や抽象的な言葉は使わずに、具体的に、「○メートル進んだ先で右に曲がり、そのまま真っ直ぐ○メートル進んだ先の左側」等と説明する。

(2) 受付等の時

公共交通機関

バス停でバスを待っていたら、行先表示が見えない私を察して**運転手さんが行先を教えてくれた**。

乗車時に、駅員さんが誘導してくれて、**さらに降りる駅の駅員さんへも連絡**し、連携して目的地まで誘導してくれた。

優先搭乗をお願いした際、足元の状況（段差等）を細かく誘導してくれた。座席に設置されているボタンも丁寧に教えてくれた。

飛行場で、普段は何度も階段を上り下りするルートを通るところ、係員さんが**白杖を見て、階段のない近道のルート**を案内してくれた。

店舗・コンビニ

ドアのそばの入口付近で迷っている時に、お客さんや通行人が入口のドアを開けて声をかけてくれた。

店員さんが必ず「いらっしゃいませ」と声をかけてくれるので、レジがどのあたりか、店員さんがどのあたりにいるのかが分かった。

よく利用する店舗では、店員さんが私の顔を覚えていて、レジ付近で声をかけてくれ、そのまま店内を案内してくれる。

宿泊施設

ホテルにおいて、ドアマン等、ロビーにスタッフを配置してあり、入ると声をかけてくれる。

ホテルと駅間の無料送迎バスが運行されているホテルに、あらかじめ目が悪いことを伝えていると、バスが到着した時、運転手さんが声をかけて誘導してくれた。

ロビーのフロントで、ルームキーやクレジットカード等を受け渡しする際、私の手を取り、かつ手を添えながら物を渡してくれた。

部屋の中のレイアウト等を丁寧に説明した後で、食事をする場所まで誘導してくれた。

食事処

入口から遠くない席に案内してくれて、メニューの大きな項目から読み上げて、無駄なく案内してくれた。

医療機関

扉を開けると、いつも「こんにちは」等と声をかけてくれる。

1人で行っても、誘導してくれるので気楽に行くことができる。

「初診・診察（再診）・リハビリ・お薬」と診察券を入れる箱が分かれても見分けられないが、受付の方が「今日は診察ですか」等と声をかけてくれる。

問診票に記述する際、受付の方が座っている待合室の椅子のところまで来てくれて、項目の代読を行ってくれる。

外来の待合スペースで待つ際に、呼び出しが聞こえやすい位置に座らせてくれる。

引換券に書いてある受け取り番号を口頭で教えてくれた。電光掲示板（第6章⑪参照）を使って、番号表示で呼び出しているが、**電光掲示が見えなくても受け取れるように、何番までできているかを10番区切りで放送してくれる。**

看護師が先生の所へ誘導してくれ、**椅子を手で押さえて安全に座らせてくれたり、荷物のカゴへの出し入れを支援してくれる。**

盲導犬と一緒でも気持ち良く診察室に入れてくれる。

公共トイレ

トイレの行列ができている時に、並んでいる人が**最後尾の場所を口頭で説明してくれた。**

トイレの長い列に並んでいる時、周りが静かで進んでいるかどうかが分からなくて困っていたら、**近くの人が声をかけてくれて、一緒に進んでくれた。**

駅の多目的トイレで、ドアを開けるためのボタンの場所が分からずに探していたら、近くの一般の人が**ボタンの場所を教えてくれた。**

デパートのトイレで一般の人が、空いている個室を教えてくれ、**終わるまで待っていてくれて、洗面台まで説明してくれた。**

アンケートの補足とポイント

共通事項

- 目の不自由な人が、その時、その場で必要な情報は何かを察知する（バスの行先等）。そして、自分から目の不自由な人に声をかける。
- 目の不自由な人が制限される行動を理解し、さらにそれを周囲に理解してもらう。
- 盲導犬が施設に入れることが法律で定められていること等、各種ルールを知る（第6章⑤参照）。

誘導の際

- 状況によって、他の人と連携（情報共有）しながら誘導を行う。
- 優先搭乗等においては、優先する目的、対象、方法等を理解する。
- 視覚に障害がある人を、目的の場所に誘導するには、どこを通れば良いか、どこが困難かを把握する。分からない時には、本人に直接、尋ねる。
- 目的地に着くまでに、特徴的な音や香りがしている場所を通る場合には、その情報を補足的に伝える。

説明の際

- 視覚に障害のある人に支援を試みる時には、支援（モノを触ってもらうために、手に触れる等）を行う前に声をかけ、了解を得る。
- 声をかけることによって、視覚に障害のある人は、相手がどこにいるのかが分かることを理解する。
- 視覚に障害のある人に説明する対象を事前に把握しておく（モノの位置、同じ形の容器で中身が異なるモノ等）。
- 視覚に障害のある人へメニューを説明する場合、洋食、和食、中華や、前菜、スープ、メイン、デザートのように、大項目を先に伝え、その後、各項目の中項目、小項目と読み上げていく方法もある。この方法

は、スーパー等の各種店舗で、並んでいる商品を説明する時にも応用できる。

● 列に並んでいる時、視覚に障害のある人の中には、列が進んだかどうかが分からない場合がある。

● トイレの個室は、誘導する人が一緒に入ることができないので、トイレットペーパーや、流すボタンの位置等を、事前に説明する。

(3) 来場中

公共交通機関

JRの列車内で車掌さんが「**誘導等お手伝いすることはありませんか**」と声かけをしてくれる。

飛行機内で、「何かお手伝いが必要なことはありますか」と声をかけてくれた。

店舗・コンビニ

コンビニで初対面の店員さんに援助依頼を伝えたところ、「**どのようにしたらいいですか？　知らないので教えてください**」と言って真摯に対応してくれた。

レジ対応で忙しい時でも、「**少々お待ちください**」と声をかけてくれる。

商品を探していると、**店員さんが声をかけてくれて**、その商品の場所まで案内をしてくれる。

歩きやすいように、肘につかまらせてもらえる。歩きながら売り場の簡単な説明「こちらは○○の売り場です」等と教えてもらえる。

通路に荷物が置かれていた時、誘導してくれた店員さんが荷物を押しのけながら歩いてくれた。

商品について手あたり次第に読み上げるのではなく、どんな商品を探しているか私に質問をしながら、店員さんが商品を教えてくれる。

私が欲しい商品を伝えたら、その種類のものをすべて読み上げてくれる。

店員さんが、商品名だけではなく、割引情報や特典情報等も教えてくれる。

購入商品が特定されていない場合はカテゴリーごとに分けて説明してくれる。また、触っても大丈夫な商品は、大きさ等を確認するために手に取らせてくれて、説明をしてくれる。

混み合っている時は、きちんと列の最後に並ばせてくれる。

一品ずつ値段を読み上げてレジ打ちし、合計も読み上げてくれる。聞き取り難い場合に聞き返しても応じてくれる。

電子マネーの支払いでも、合計金額をきちんと伝えてくれる。

コンビニでおでんを購入した際、味噌とからしを希望すると、店員さんが「形が同じだから分からないですよね。味噌の方にセロハンテープを貼っておきますね」と言ってくれた。

レジ係の人が、支払いの時に、急がなくてもいいと言ってくれた。

お釣りの受け渡しの際、紙幣や貨幣の種類別に分けて、丁寧に手のひらの上に渡してくれる。私は、それぞれを順番に違うポケットにしまっても、都度時間を空けて渡してくれる。(「大きい方が…、5千円、千円○枚。残り細かい方が…、500円、100円○枚、50円…」というように)

食事処

メニューを読み上げたり、**点字メニュー**がある。

壁に貼ってあるメニューしかなかったが、お願いしたら**手持ちのメニュー表を手渡してくれた**。（弱視）

バイキング形式の時に、メニューの説明、**食事の配膳をしてくれた**。

「ステーキは切りますか？」「イチゴのへたは取りますか？」等、**食べやすいように配膳してもらえた**。

テーブルの担当者や従事者が、横を通るたびに、**笑顔や冗談でテーブルを和ませてくれる**。

宿泊施設

「何かあったら、いつでも連絡してください」と、**カードキーのケースに、マジックで大きくフロントの内線番号を書いてくれた**。（弱視）

フロントの人に部屋まで誘導してもらった後、**部屋の中、備品**（アメニティグッズ・飲料）**や設備**（空調・テレビ等）**の操作方法まで丁寧に教えてくれた**。

部屋の中の構造や備品の位置、食事の内容等を、「そちら」「あちら」といった指示代名詞を使わず、「何時の方向に」といった**クロックポジション**（第1章28頁参照）を使って教えてくれた。

介助者がいなくて、1人で大浴場に行かなければならない時に、**旅館の人が誘導や見守りをしてくれた**。

シャンプーとボディーソープを区別するための印がなかったため、分かりやすいよう**シャンプーの容器に輪ゴムを付けるという配慮をしてくれた**（詳細は第6章㊳㊵参照）。

店舗・家電販売店

　店舗（量販店）で、購入を決めた**製品の分解掃除の仕方等を実演しながら丁寧に説明し**、使いはじめるために必要な設定をした上で渡してくれた。

医療施設

　診察室で、**物の場所を教えてくれたり、手を添えてくれる**。

　検査の際、**焦らなくていいことを促してくれる**。また、検査台までの案内や、どちらが頭になるのかを教えてくれる。

　検査台（ベッド）の高さ・向きが分かるように、**検査台に上がる前に触らせてくれる**。

　体にシートをかける、血圧を測る等、**これから行うことをすべて口頭で説明してくれる**。

　肘を骨折した時に骨折していない方の**腕に手を添えて、どのように骨折しているかを、事細かに説明してくれる**。

　内容や結果を文字ではなく、医師による言葉での説明が行き届いている。

　レントゲン等を撮る際、作業台等を**手をとって触らせてもらった上で、口答でその大きさや位置等を教えてくれる**。

　レントゲン画像の内容（状態・大きさ等）を**手のひらに指で描いて説明してくれる**。

　手術の事前説明の際に、手術で切開する予定の部分を実際に手でなぞって教えてくれる。

　書類の代筆、施設の説明等、丁寧にしてくれる。また、注意書き等の書類についてはテキストファイルを提供してくれる。

　「入浴介助をしましょうか」と声をかけてもらったが、風呂場の説明をしてもらい、１人で入浴した。終わったら、ブザーを押して迎えに来てもらい、部屋まで連れて行ってもらえた。

シャワーの使い方だけでなく、脱衣場・シャワールームの中の細かな配置等まで説明してくれました。

- -

複数の薬を受け取る時、錠剤の形や大きさ・粉薬の袋の大きさ等について手を取って触らせながら説明してくれる。

- -

普段利用する薬局では、同じような形の錠剤等を複数処方された場合、違いが分かるよう**輪ゴム等の印を付けてくれる**。また、薬の量が多い場合は、1回で飲まなければいけない薬をまとめて、1回分ずつに分封して処方してくれる。

- -

各薬に関する使用・注意事項につき、口頭で詳しい説明をしてくれる。服用回数・用量等を、薬別の袋に、**マジックで大きく表記**してくれる。（弱視）

公共トイレ

単独で高速バスを利用した際、サービスエリアでトイレに行きたい、買い物をしたいことを運転手さんに伝えたところ、**サービスエリア内を誘導してくれた。**

- -

高速バス乗車時にサービスエリアのトイレを利用した時、近くにいた見知らぬ人が、「トイレまでご一緒しましょうか」と声をかけてくれて、**空いているトイレへ案内し、流すボタン、荷物かけの場所まで丁寧に教えてくれた。トイレから出た後も、洗面台、手の乾燥機まで教えてくれた。**

- -

便器の位置等が分からなくて困っている時に、**後ろの人（一般の人）が向きや位置を口頭で説明**してくれた。

- -

公共施設のトイレ（女子トイレの一般個室）から、盲導犬に小をさせた使用済みごみ袋を持って出たところ、利用している一般の人が「**ここにゴミ箱があるから捨てられますよ**」と教えてくれた。

(4) 退出時

公共交通関係

駅や到着駅において、**乗り換えやタクシー乗り場への案内を係員さんがス**ムーズに、親切に手伝ってくれた。

店舗・コンビニ

自宅近くのコンビニで、レジでの支払い後、店員さんからの「出口までお連れしましょうか」との声かけに、**私が「一人で行けるから大丈夫」と伝える**と、その店員さんはレジから私を見送ってくれた。

- -

買い物の後に**店外の誘導ブロックまで案内**してくれたり、信号を渡る時には青になったことを確認してくれたりする。

宿泊施設

駅までの送迎付きの宿に宿泊した際、駅までではなく、目的の観光地まで車で送ってくれた。

医療機関

電光板の番号表示に従って支払い窓口に行く医療機関において、目が見えないことを申し出たところ、**名前を呼んでもらえた。**

- -

お金を支払う時、受付のカウンターまでこちらから行かなくても、待合室の椅子まで来てお金の**支払いと処方箋を渡してくれる。**

公共トイレ

空港のトイレ等、非常に広く慣れないトイレの利用後に出口が分からなかった時、**利用者の人が声をかけてくれて出口まで案内**してもらった。

アンケートの補足とポイント

共通事項

- 支援項目、方法が分からない時には、視覚に障害のある目の前の当事者に聞く。
- あなたが勤務しているレストラン等に、点字のメニュー等がある場合は、その存在と、何が書かれているかをあらかじめ確認しておく。

誘導の際

- 列ができている時は、列の最後尾に案内する。

声かけの際

- すぐに応対できない時は、そのこと伝える。
- 読み上げて欲しい情報は何かを聞く。
- 触っても大丈夫なモノを確認し、触れないモノに関しては、口頭で説明する。
- 会計の際は、一品ごとに読み上げ、合計も読み上げる。
- 視覚に障害のある人が、財布からお金を出す時などに、時間がかかる場合には、焦らないように一言かける。
- 店の壁の上等に貼ってあるメニューは、視覚に障害のある人は読むことが困難または読むことができない人がいるため、手持ちのメニューがあれば、それを示す。

聴覚障害 (ろう・難聴)

(1) 事前情報の提供時

公共交通機関

電車の駅改札口の隣の案内窓口に、遠隔地の手話通訳サービスが設置されていた。

電車の遅延理由が分からなかった時に、一般の方が遅延理由と、振替情報等を簡単に**メモして渡して**くれた。

飛行機の遅れについて、航空会社の職員さんが**声だけの説明ではなく**、ボードを掲げながら歩いてくれた。

バスツアーにおいて、事前に、添乗員さんの**アナウンスする内容を原稿にして渡して**もらえた。

家電販売店

電化製品の修理依頼をする時に、**チャット対応**があった。

宿泊施設

宿泊先において、近くにおいしいお店があるかどうか聞いた時、すぐに**手書きの地図**を出してくれた。

アンケートの補足とポイント

- 聴覚に障害のある人の中には、手話(第6章③参照)でコミュニケーションする人としない人がいる。
- 聴覚に障害のある人とのコミュニケーションは、身近なメモ用紙等でも行える筆談や、スマートフォンやパソコンでのやりとり (チャット)、身振りや手振り等、手話以外の方法もある。

(2) 受付等の時

公共交通機関

交通機関のカウンター等での問い合わせや、切符購入時に、**筆談で応対し**てくれた。

聞こえないことを理解した上で、交通機関の乗り場・出口まで共に**案内し**てくれた。

飛行機の搭乗受付で**手話応対、筆談対応**をしてくれた。

単身旅行（海外）している時に、飛行機に搭乗前に、聴覚に障害があることを告げると、客室乗務員さんが乗り継ぎ空港にて他社の飛行機の入口まで案内・同行してくれた。

搭乗ゲート前の待機中に眠ってしまい、氏名のアナウンスに気がつかなかった時、**肩を軽くたたいて**起こしてくれた。

コンビニ

いつも利用するコンビニでは、私のこと覚えていて、**入店すると一声かけ**てくれる。（難聴）

宿泊施設

ホテルのチェックイン時、**聞こえないことを伝えると**、すぐに**筆談や身振**りで対応してくれる。

ホテルのフロントでは、**ゆっくり話す**と共に、こちらから書いてと言わなくても、筆談応対してくれる。（難聴）

旅館のフロントで、お風呂への行き方の地図や入れる時間帯、売店の場所や営業時間の**案内を紙**でもらえた。

医療機関

かかりつけの歯科では、**メール予約ができるように配慮**してくれている。

FAX での病院予約も受け付けてくれて、返事も FAX でしてくれる。

病院の受付担当者は、ゆっくり話をしてくれ、**聞き返すと何回も説明して
くれる**。（難聴）

病院で保険証を提出する時に私が事前にろう者ということを伝えると、受
付の人が**「呼ぶ時に直接呼びに行きますね」**と筆談で教えてくれた。

病院の受付機にカードを入れると、**端末機が貸し出される**。

病院の呼び出しの際に、**音声で読み出すと同時に電光掲示板**（第6章⑪参照）
にも**表示される**ようになった。

病院の呼び出しの際に、**携帯お知らせバイブで知らせてくれる**。

病院の受付の方が**手招き**で聞こえない私を呼んでくれる。

病院で、聴覚障害があると言えば、**呼び出しの時に目配り等して呼んでく
れる**。

受付時に呼ばれても聞こえないことを伝えておくと、**呼びに来てくれる**。

公共トイレ

空港でトイレの場所を**手話で案内**してくれた。

アンケートの補足とポイント

● 相手が聞こえない、聞こえにくいことが分かれば、どのようなことが
不便かを考慮して、コミュニケーションする。

● 聞こえない、聞こえにくいことでの不便なことや望んでいることが、
分からない時には、相手に直接聞いてみる。

● 聞こえない、聞こえにくい人に、不便なことを聞く時には、手話、筆
談、口の形を相手に読んでもらう口話、スマートフォン等のチャット
機能を使用する、身振り、手振り等、さまざまな方法がある。筆談す
る際には丁寧な言葉や正しい文法で、簡潔に書くことを心がけた方が
良い。口の形を相手に読んでもらう時には、下を向いたり、マスク等

で口元が隠れないようにする。なお、マスクが外せない時には、筆談等の別の方法で行う。

(3) 来場中

公共交通機関

耳が不自由なことを伝えると、駅員さんや事務員さん等に**筆談で対応して**もらえる。

新幹線内において、自由席から指定席に乗り換えて席を移動してきたことと、声が聞こえないことを車掌さんに伝えると、**タブレットのような発券機を取り出して手書きで質問事項を書いて**くれた。

バスツアーの時、ツアーガイドさんが**名所や集合時間のメモをその都度渡**してくれた。

客室乗務員さんが、パイロットが行ったあいさつや**気候に関する情報をメ**モにして渡してくれた。

客室乗務員さんが、**運行状況のメモ**を持って来て、簡単な手話と共に渡してくれる。

飛行機が悪天候のためなかなか到着できずに旋回している時に、客室乗務員さんの顔を見ると**「大丈夫」の手話**を繰り返ししてくれた。

航空機内の**飲み物サービス**の際に、メニュー案内で提示してくれる。

店舗・コンビニ

　コンビニで店員さんが説明する時に、**口を大きく開けてゆっくり話してくれる**。また**身振り**もしてくれる。

　コンビニ店員さんが難聴への理解があり、**分かりやすく丁寧に話し、笑顔**で接してくれる。

　店員さんが耳が聞こえないことを覚えていてくれて、**モノが落ちたりした時**は、教えてくれたり、身振り、手振りで話しかけてくれる。

　ろうであることを店員さんが理解し、**マスクを外して**「お弁当温めますか」と確認してくれた。

　商品注文等をする時に、店員さんが手話してくれた。

　レジ横での販売物（揚げ物等）を、指で商品を指し（指さし）、**数を指で「1つ」**と示すだけで注文を受けてくれる。

　コンビニで、「お箸いりますか」「袋を分けますか」「お手ふきいりますか」「（弁当）温めますか」等を聞かれた時に、**聞こえないことを伝えると**、お箸やスペアの袋、お手ふき等、具体的に取り出して示してくれる。温めるかどうか聞く時は、弁当とレンジをそれぞれ**指さしてくれたりする**。

家電販売店

電気量販店等で、**筆談や身振りで説明して**もらえる。

電気店の店頭で耳が不自由なことを伝えると、筆談応対してくれて、FAX対応もしてくれた。

電気量販店内においての筆談による説明が、帰宅後、意図がズレていたことが分かったが、後日、個別メールで度重なる説明も丁寧に行ってくれた。フリーダイヤルやカスタマーサービスにつなげるメーカーが多い中、**個別メールでの対応を**してくれた。

電気機器の使用説明について、**言葉だけではなく、実際に方法をやって見**せてくれた。

食事処

レストランでお店の人が**ゆっくり、大きな声で話して**くれた。（難聴）

レストランのホールスタッフがこちらが聞こえないと分かるとすぐに**機転を利かして、視覚による質問を**してくれた。

おすすめメニューの説明や中身の説明を、筆談で対応してくれた。

レストランで、食事が1つずつ運ばれるごとに、**料理名と、その特徴の簡単な説明が書かれた小さなメモを添えて**くれた。

料理の注文確認時に、聞こえにくそうにしていたら、**メニューを指で示し**たりと、**臨機応変に**こちらが聞こえないと伝える前に対応してくれた。

料理の注文確認時に、**目を見てはっきり分かるように**言ってくれた。

料理の注文確認時に、注文内容が登録された**端末の表示を見せて**くれた。

レストランでの会計時、**レジ担当者が手話であいさつをしてくれた。**

医療機関

いつもマスクをしている医師は、聞こえないと分かると**マスクを外す**か、**筆談**してくれた。看護師さんも筆談してくれる。

医師もゆっくり話してくれるし、**耳の近くで話してくれる。**分かりにくい時は看護師さんが手話を使ってくれる。

病院での診察時、始めに**検査の流れ、説明を書いて**くれる。

病院において、私の言葉が聞き取りにくい時には、**すぐにメモ用紙、ペンを出してくれる。**

身振りと、「横になって」「痛かったら痛いと言って」とゆっくりした口調で説明してくれた。（難聴）

病院の検査の際に、**顔の向きの指示等、身振り手振りで伝えてくれる。**筆談も医師本人がしてくれるので、一方的に聞き役にならずに、会話になって話しやすい。

不安を和らげるために、周りの様子もコミュニケーション支援ボード（第6章⑫参照）に記入してくれた。（筆談）

病名に関することについて、事前にプリントされたものを用意してくれた。

病院での**診察等の開始、終了等に気がつかない時に肩等をたたいて**教えてくれる。

病院の会計時に事務員さんが直接私に声をかけて、お金を払うところへ案内してくれる。

病院の会計時に、**明細表や電卓で金額を見せて**くれる。

宿泊施設

ホテル滞在中に、「何かあれば受話器をコンコンとたたいてお知らせください。スタッフがお部屋に伺います。その際はドアの下から**白い紙を入れて合図します**」「緊急避難時は、マスターキーで部屋に入り、就寝中であればお体に触れさせていただきます」という案内（承諾の署名が必要）を受けた。

宿泊先で、すぐに筆談で対応してくれ、**筆談でも丁寧な言葉づかい**であった。

筆談だけでなく、身振り手振り（外国人の特有）で、会話をしてくれた。

公共トイレ

トイレに入った際に、周囲の人が荷物を持ってくれた。

アンケートの補足とポイント

- 施設を利用している時に、聴覚に障害のある人が、どんなことに不便を感じているかを把握する。
- 口の形が隠れるマスクをしながら話す相手だと、口の形で話の理解を補っている聴覚に障害のある人にとっては、話を理解するのが困難になる人がいる。
- 聴覚に障害のある人は、物を落とした時、落ちた時の音が聞こえないので、物を落としたことに気づかない場合があることを知る。
- 聴覚に障害のある人だから、手話でのコミュニケーションしかできないわけではないが、「ありがとう」「こんにちは」、数字等の手話や指文字を、覚えて使うと、筆談よりも早く話が伝わる場合もある。
- トイレの個室、ホテルの客室等に1人でいる聴覚に障害のある人に、連絡しなくてはいけないことが生じた場合に備えて、音や音声以外で伝える方法を普段から準備しておく。

(4) 退出時

店舗・コンビニ

　コンビニで、支払いが終わった後に「ありがとう」という手話を使ってくれた。

医療機関

　歯医者において、対面で次回予約をする時、筆談で対応してくれる。

アンケートの補足とポイント

- 病院においては、診察後の次回の予約についてまで配慮する。

③ 肢体不自由（上肢・下肢）

（1）事前情報の提供時

家電販売店

電気販売店に「障害者です」と電話で伝えると、店舗受付が原則だが、**自宅まで出向いて修理**してくれた。

- -

地元で家庭的な電気販売店は、**誰が電話に出られても用件が伝わる**し、親切にしてくれる。

街

雪の日、杖をついて歩いていると、一般の人が、「**後ろからサポートしますから、ゆっくり歩いてください**」「**荷物を持ちましょうか**」と声をかけてくれた。

公共トイレ

バスツアーで、観光地のトイレが行列になっているのを見て、**ツアーガイドさんが男性用の利用を**すすめてくれた。

- -

車椅子の人がトイレを利用しようとしていたところ、その場に居合わせた一般の人が、**多機能トイレの空き具合を確認してから、案内していた**。

- -

多機能トイレの場所が分からなかったので駅員さんに尋ねたところ、分かりやすく教えてくれた。「バリアフリーマップ」（バリアフリーの情報が満載の地図）があることを、教えてくれて案内所で受け取ることができた。

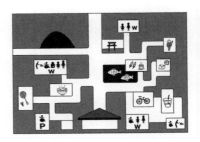

(2) 受付等の時

エレベーターやエスカレーターがない駅の階段で、**荷物を運んでくれる人**が配置されていた。

1人で電車に乗る場合、下車したい駅名を伝えると**乗降のサポートと改札までの誘導等**をしてくれる。

駅員さんが普通に切符を買うか、周遊切符を買うか、障害者手帳で買うか、**どれが一番安いかを調べてくれた**（100キロ超えの距離で）。

多くのバスの運転手さんは、杖をついて急いで乗ろうと歩いていると「**急がなくていいですよ**」と、マイクで言ってくれる。

バスのステップを上がる時に、自分で1、2、3とかけ声をかけていると、**後ろから優しく押してくれる人**がいる。

高速道路の通行券がなかなか取れなかった時、後ろの車の運転手さんが車から**降りて来て通行券を取ってくれた**。

杖や歩き方で、障害者だと気づいてもらえたので、障害者に配布される無料タクシー券を使おうとしても、**タクシー運転手にイヤな顔をされることは**なくなった。

店舗・コンビニ

入口のドアが手動式開閉ドアなので、**店員さんが開けてくれる**。

食事処

　眺望の良いレストランで車椅子だからといって特定の場所ではなく「どの席がいいですか」と席を選ばせてもらえた。

医療機関

　病院の窓口で、保険証や医療証がすぐに取り出せなくても、笑顔で待ってくれて「ゆっくりでいいですよ」と声をかけてくれる。

　病院の受付において、診察券が取り出しにくい時に、**代わりに取り出してくれた。**

　病院の診察室に入ると、**医師の笑顔と元気なあいさつをしてから**はじめてくれる。

　総合病院の待ち時間が長い時、診察室に入ると先生が必ず「**長くお待たせしてすみません**」と言ってくれる。

　手術室に入る時、安心できるように看護師さんが**声をかけてくれた。**

宿泊施設

　宿泊先において、駐車場からホテルの入口まで遠かったが、**駐車場に近い建物の裏の出入り口から通してくれた。**

　宿泊先のチェックイン時に、**目線が同じ高さになる場所**（フロントそばのテーブル席）で、ホテルの説明をしてくれた。

　予約時に、足が悪いため**部屋をエレベーター近くになるように**お願いしたところ、要望の通りの部屋を用意してくれた。

公共トイレ

　コンビニのトイレを利用する時、店員さんがさりげなく、「どうぞー」と声をかけてくれる。

　雨降りの日に、スーパーのトイレに入ろうとしたら、店員さんから「**床面が濡れてすべりやすくなっています。足元にご注意ください**」と教えてくれた。

アンケートの補足とポイント

- 移動が非常に困難、または困難な人がいることを普段から想定しておく。
- 移動等に、時間がかかる人をどのようにしたら、周辺の人にも理解を得られるかを普段から想定しておく。
- 障害のある人に認められているサービスを、把握しておく。
- 食堂、映画館、スポーツ観戦等で、席等の場所が選べる場合には、障害のある人でも同じように選べるようにする。
- 障害のある人が、明らかにその行為ができない、もしくは困難で危険が伴う場合は、本人に確認して臨機応変に代わりに行う（その行為を代わりに行う場合、その組織のルールに反している場合は、ルールを優先するかどうか、臨機応変に対応する）。
- 言葉以外の身振り、手振りや「笑顔」等の非言語も、コミュニケーションの1つである。

(3) 来場中

公共交通機関

駅ホームの誘導員さんは、**いつもさりげなく、危なくないようにフォロー**してくれる。

杖や歩き方で、障害者だと気づいてもらえるようになり、駅員さんに道順等を聞くと、とても親切に答えてくれる。

杖をついていることが分かると、**席を譲られたりするようになった。**

飛行機を利用する際、以前は早めに空港の車椅子に乗り替えさせられたが、事情を説明すると搭乗口の前まで自分の車椅子を使用させてもらえるようになった。

飛行機に搭乗する際に、客室乗務員さんが自分の手を見て、**頼んでいない**のにスーツケースを棚に乗せてくれた。

飛行機着陸後、車椅子使用者は一番最後に降りるが、その間、**客室乗務員さんが話し相手になっていてくれた。**

すべてがバリアフリーではないが、乗り降り等の際に、さりげなく手を差し伸べてくれた。

店舗・コンビニ

雨の日等は必ず店員さんが、**店内の床はすべりやすいので気をつけるように**と気にかけてくれる。

私が商品棚から商品を取ろうとしている時に、**店員さんが「お手伝いしましょうか」**と声をかけてくれる。

お店の高い位置の品物を代わりに取ってくれるし、品物が重い場合は持ってくれる。

店舗の床に、レジへの順路が矢印で示されているので、支払順が分かった。

お店のすべての店員さんが、**声をかけてくれるし、買ったものをバッグの中に入れてくれる。**

酒類を購入する際、「確認」のタッチパネルに手が届かないのを理解して、**店員さんが確認しながら代わりにタッチしてくれる。**

セルフレジの時、届かない対応（ボタンを押す等）を**気持ち良くしてくれる。**

会計の際に、お金を取り出すのに手間取っていたところ、イヤな顔せず待ってくれた。

障害があることに気づいて、**つり銭等を財布に入れてくれる**。

会計後、商品が入った袋を持ちやすいように渡してくれる。

購入したペットボトルのふたを、店員さんがこころよく開けてくれた。

金融機関

銀行の待合いの**席からうまく立ち上がれないでいた時、行員さんが両手を持って立たせてくれ、椅子のある窓口まで誘導してくれた。**

銀行において、書類を書く時に**代筆**してくれた。

家電販売店

電動歯ブラシ購入を検討している時に、**実際にその商品を使用している店員さんが、使用している感想を話してくれた。**

最寄りの電気量販店は、**トラブル等があった場合には即時対応してくれる**。また、来訪対応もしてくれる。

宿泊施設

宿泊先において、荷物（スーツケース等）を部屋まで運んでくれたり、高い位置に置いてある備品（バスタオル類等）を**手の届く場所に移動**させてくれたりした。

宿泊先のバス・トイレの入口が高く危険だったため、フロントに話したところ、**すぐに踏み台が部屋に運ばれてきた。**

宿泊先の部屋内の通路を動きやすくするために、**ベッドの位置をずらして**もらった。

食事の時に、ビンのふたを空けてくれたり、バイキングでの食事を手伝ってくれた。

食事処

高速道路の食堂では、通りやすいように椅子を片づけてくれる。

食事処において、こちらからお願いしなくても、**和室の場合は座卓を準備**してくれた。

杖をついてテーブルに着くと、**杖をテーブルに固定する小道具を持って来**てくれた。

手の不自由さを察して、スプーンとフォークを持って来てくれる。

塗り箸しか置いていない麺類を食べるお店で、**割り箸をお願いしたところ、気持ち良く持って来てくれて、その箸を割って渡してくれた。**

レストランでスプーンをお願いしたら、大小異なる大きさのスプーンを持って来てくれ、どちらも使ってくださいと言われた。

医療機関

病院の受付は、患者で混み合っていても、問い合わせには笑顔で受け応えしている。

看護師さんらが待合室まで出て来て、**しゃがんだり中腰になって話してく**れる。

体調が悪そうに見えると、看護師さんがすぐに尋ねてくれて、**横になれる場所へ連れて行ってくれた。**

検査のための着替えに時間がかかる場合があるが、「ゆっくりでかまいません」とスタッフが声かけをしてくれる。

検査の着替えの際、**上着の脱ぎ着を手伝ってくれる。**

病院において、**高さの異なる椅子を、状態によって使い分けてくれる。**

病院での検査の際、立ち上がることができないことを考慮して、**アクセシブルなレントゲンやCT機器を使ってもらえる。**

　入院中、いつも困っていることはないかと、こまめに聞いてくれた。

　病院の売店の職員さんが、財布からお金を出すのに長くかかる私を**イヤな顔もせず、待ってくれる。**

　病院で、お金を財布から出す時に手伝ってもらったり、商品をリュックに入れてくれる。

公共トイレ

　ショッピング施設の多機能トイレに車椅子で入る際に、**扉をおさえていてくれた。**

　障害のために利用できない和式のトイレが空くと、利用後の人が「和式です！」と言ってくれた。

　トイレの使用後に、手をかざして水を流す処理の操作が分からずに、どうしたらいいか困っていたら、**清掃員さんが教えてくれた。**

アンケートの補足とポイント

- さりげない配慮によって、障害当事者が注目されることを避けることができる。
- 支援する場合は、障害当事者に必要かどうかを確認する。
- 支援は、その場だけでなく、次にも、障害当事者が困らないように行う。
- 各施設で使用するモノが、障害のある人の使い勝手に適しているかは、普段から考えておく。
- 障害のある人への支援は、ニーズに合っていたか、合っていなかったかも含め、関係者で情報共有する。
- 施設にある機器に関しては、肢体不自由の人が使えるものかを、普段から確認しておく。

(4) 退出時

公共交通機関

　バス旅行で運転手さんが、バスのステップを降りる時、手を貸してくれて降ろしてくれた。

店舗・コンビニ

　買い物の後、**店員さんたちが荷物を車まで運んでくれた。**

　コンビニに入店する際、店員さんが手動式開閉ドアを開けてくれて、**帰る時まで開けたままにしておいてくれる。**

2 知的障害

(1) 事前情報の提供時

街

　道路に電柱がない（地中に埋めてある）ことで、（前から、誰か来てすれ違う時も）**子どもと手をつないで歩くことができる**ようになった。

- -

　作業所の行き帰りの際、町の人が「おはよう」「いってらっしゃい」「おかえりなさい」等と（知的障害のある子どもに）**声をかけたり、温かな目線をくれる**。

- -

　商店街の人々は、（子どもの）大きめの声のあいさつに**こころよく応えてくれる**。

- -

　子ども 1 人で通学の訓練をした時、商店街の人々が「あの子は通ったよ」「あの子は、まだ通ってないよ」等と**情報をくれて見守ってくれていた**。

(2) 受付等の時

公共交通機関

　バスで顔なじみのある運転手さんが声かけ（あいさつ等）をしてくれて、**ゆっくり待ってくれる**。

- -

　バスの運転手さんが、ヘルプマーク（第6章⑨参照）のバンドを見て、**車内に席を譲るように案内してくれた**。

- -

　タクシーで「愛の手帳（※1）があります」と言うと、**すぐに分かってくれる**ことが増えた。

- -

　運転手、係員等、障害者、高齢者、バギー等、**お互いに譲り合うように**なり良くなった。

- -

駅で子どもが大好きなヒーロー姿（※２）に扮装してベビーカー等を運ぶお手伝いをしていた方に、親子で助けてもらった。

駅のホームのエレベーターが遠い時、駅員さんがバギーを階段の上に運んでくれた。

食事処

ファミリーレストランで、周囲に人がいない席をすすめてくれたり、「お好きな席へどうぞ」と言ってくれる。

公共トイレ

トイレの場所が分からなくなってしまった時、店員さんが詳しく教えてくれた。

（※１）愛の手帳
　　　知的障害者（児）が各種のサービス（手当、制度等）を受けるために、東京都が交付している手帳。知能測定値、社会性、日常の基本生活等を、年齢に応じて総合的に判定し、１度（最重度）、２度（重度）、３度（中度）、４度（軽度）に区分される（東京都福祉保健局ウェブサイト参照）。

（※２）ベビーカー　おろすんジャー
　　　東京メトロ丸ノ内線の支線の終着駅の方南町駅では日々、緑のヒーロースーツを着た『ベビーカー　おろすんジャー』が駅の階段でベビーカーをおろしている。

(3) 来場中

　電車内で、障害を持つ娘が他の乗客に迷惑をかけずに利用するためのトレーニングをしている時、**車掌さんが**「ただ今、車内で養護学校の生徒さんが訓練をしています。ご迷惑をおかけしておりますが、**ご協力よろしくお願いします**」とアナウンスをしてくれた。

店舗・コンビニ

　顔見知りの商店街の人々が、**買い物で困った時に声をかけてくれたり**手伝ってくれたりした。

　コンビニに通い続けることで、**店員さんが顔を覚えてくれて、対応が和らいだ**。(障害のある)子どもが商品を手に持った時に店員さんに声をかけると、「困ったことはありません。大丈夫です」ときちんとした目で子どもを見てくれた。

　近所のなじみのコンビニでは、会計の時、店員さんが、**子どもが欲しがっているカゴの中の商品を先にレジに通して、それだけを先に袋に入れてくれる**。

　コンビニの店員さんが、支払いの時、どのコインを出したらいいか分からず困っていたら、手伝ってくれた。

　パニックになった時、声をかけてもらえた。

　(障害のある)子どもと共に頻繁に通っている文房具屋のオーナーさんから、親御さんの付き添いがなくても大丈夫だと声をかけてもらった。店員さんも理解してくれていて、同じ人に慣れるより練習のためにと、**毎回違う人が接客してくれた**。

　美容院において、**鏡の前にいることが苦手な子には、鏡を背にしてくれたり**と、個々に応対してくれる。

(4) 退出時

公共交通機関

バスをゆっくり降りるけれど、待ってくれる。

アンケートの補足とポイント

●お店の人やご近所の人、街の人等、地域の中で知的障害のあるそれぞれの子どもたちを見守り、あいさつや支援を行う。

●「愛の手帳」とは何かを確認しておく。

●障害の種別にかかわらず、食堂等では、座りたい席を選択できるようにしておく。

●それぞれに異なる知的障害のある人たちのニーズを知ろうとする。

3 精神障害

① 精神障害

(1) 事前情報の提供時

医療機関

　障害の内容から、「体調が悪い」という意味を理解してくれて、急な予約変更にも丁寧に対応してくれる。

　通院ができない場合や急な対応をしてもらいたい時でも、電話相談に乗ってくれる。

店舗

　人情があるお店は、元気がもらえる。

(2) 受付等の時

医療機関

　馴染みのドラッグストアでは、気軽に声をかけてくれる。

　病院の受付に行くと、近くにいる職員さんがすぐに応対してくれる。

公共トイレ

　駅付近でトイレに行きたくなった時、駅員さんに近くのトイレの場所を尋ねたところ、こころよく改札内のトイレを案内してくれた。

(3) 来場中

公共交通機関

バスの運転手さんが、**親切に**「停まりますよ」と教えてくれた。

店舗・コンビニ

コンビニの店員さんに、商品の場所が分からなくて聞くと、その場所まで**誘導**してくれた。

コンビニで**顔を覚えてもらっている**ので、品物の温めの有無を聞かずに、温めてくれる。

コンビニでは、**何事にも一声かけてくれる**。

店舗内において、**適度な距離を保って**応対してくれた。

郵便局

郵便局で、職員さんに**何度質問しても、都度、丁寧に**教えてくれる。

郵便局の職員さんが、戸籍の取り寄せ等を**親切に**行ってくれた。

医療機関

病院の**待ち時間が長くなってしまった**時に、**体調に気づかって、声をかけ**てくれる。

疾病なのか障害なのかの違いを分かってくれて、人によって対応を変えてくれる。

長く通っていること、障害であることから、**処方箋の変更に慎重になって**くれる。変更する場合は**丁寧に説明**してくれる。

病院の会計時、自立支援医療受給者証を使っていても、**一般の人と同様に**スムーズに進めてくれる。

(4) 退出時

　タクシーの運転手さんが、自宅の前ではなく、**玄関まで連れて行ってくれ**
た。

アンケートの補足とポイント

●精神に障害がある人の不便さ、ニーズは１人ひとり異なると理解し、
　コミュニケーションをとる目の前の人がどのようなニーズを持ってい
　るかを知る。

●精神に障害がある人の状況を把握し、可能なこととそうでないことを
　理解する。

●精神に障害がある人は、顔見知り、馴染みになることで、安心してコ
　ミュニケーションをとれるようになることもある。

●精神に障害がある人に説明する時に「こころよく」「親切に」「丁寧に」
　は、安心してコミュニケーションできることもある。

●精神に障害がある人が、自分から声をかけにくい場合に、周りから声
　をかけられると、安心する場合がある。

●精神に障害がある人の中には、障害のない人と同様のコミュニケー
　ションをとって欲しいと思っている人もいる。

② 発達障害

(1) 事前情報の提供時

医療機関

病院の外来予約・変更をインターネットですることができる。

通院について、電話で事前に、予約窓口か外来窓口で予約ができる。

(2) 受付等の時

公共交通機関

エレベーターとエスカレーターがない駅で、駅員さんと一般の人の２人でスーツケースを持ってくれた。

バスの運転手さんが元気よくあいさつをしてくれたり、忙しい時でも丁寧な言葉をつかってくれる。

こちらから話しかけなくても運転手さんが手助けしてくれた。

医療機関

総合病院では受付の事務員さんが（どの人にも）分かりやすく説明をしてくれている。

受付の方が軽い雑談をして緊張をほぐしてくれる。

通院している病院の受付担当の方は、いつも明るくあいさつをしてくれ、また、待ち時間の目安も教えてくれる。

病院の受付の方が、診察の順番が来た人を呼び出す際に、「次は〇〇さんです」と次の人の名前も知らせてくれる。

病院の待ち時間が混む時間帯は、ポケベル（※）を渡されポケベルで呼び出してくれる。

小児科の待合室ではビデオが流れているので、いつも見ながら待っていられる。

（※）ポケベル

　無線呼出し（ポケットベル）のこと。

(3) 来場中

店舗・コンビニ

　スーパーで買い物の手伝いをしてくれる。

　店内で**奇声を発しても嫌がらずに対応**してくれた。

医療機関

　病院内において、**静かな音楽が流れているので安心する。**

　視覚支援をしてくれて、診察等のはじめに１日の流れを提示してくれる。

　医師は、うまく話をまとめて伝えられない話を丁寧に聞きとってくれて、アドバイスしてくれる。

　医師は、病状等について**画像や資料を指しながらゆっくり説明をしてくれる。**

　手術後、**夜間にこまめに様子を見に来てくれた。**

　薬剤師の方が手間のかかる**薬の一包化にも嫌な顔１つせずに応じてくれた。また副作用が出ていないかを必ず確認**してくれた。

　薬の飲み方や薬の内容の説明が丁寧であり、薬以外で症状への対処法、日常生活で気をつけると良いこと等を教えてくれた。

公共トイレ

　公共施設の職員さんが、トイレを案内する際に、**トイレの細かい機能**（洗浄レバーやトイレットペーパーの位置、ウォシュレットボタン、緊急ボタン等）まで、**丁寧に伝えて**くれた。

　トイレの奥が**空いているか分からない時、並んでいる人が教えてくれた。**

トイレの空きを待っている時に、**前列の方が「ここは故障しています」**とはっきり伝えてくれた。

　病院のトイレで、**検査のための尿のカップの置き場所が分からない時**に、後から来た同じ検査の人が場所を教えてくれた。

アンケートの補足とポイント

共通事項

● 発達障害という種別にとらわれず、以下のことを知っておく。

・発達障害のある人の中には、人との会話が苦手な人がいる。

・発達障害のある人の中には、空気を読まない人もいる。

・発達障害のある人の中には、普段と違う状況に緊張する人がいる。

・発達障害のある人の中には、視覚的なものを示されると分かりやすい人がいる。

・発達障害のある人の中には、言葉での説明が得意でない人がいる。

・発達障害のある人の中には、話が長い人がいる。

4 高齢者

（1）事前情報の提供時

公共交通機関

　バスツアーの出発時に、ツアーガイドさんから「お困りの時はいつでも何なりと申し出てください」と言ってもらった。

　バスの優先席がしっかり管理され、運転手さんも乗客も大切にしている。

（2）受付等の時

公共交通機関

　中学生が、荷物を持った高齢者を、エレベーターまで連れて行ってあげていた。

　乗り物の乗り継ぎの時間を、詳しく教えてくれた。

店舗・コンビニ

　入店すると一声かけてくれる。

医療機関

　診察当日に、受付担当者が毎回電話連絡をしてくれる。

　病院は、いつも笑顔で受付応対してくれるし、顔を覚えてくれて名前を呼んでくれる。

　病院の受付で機械操作に戸惑っている時、手伝いに来てくれた。

　どこで待てば良いかを指示してくれる。（「何番の前でお待ちください」等）

病院の受付の人が、大まかな**待ち時間を教えてくれる**。

図書館

図書館でトイレに並んでいたところ、職員さんが他の階の**トイレが比較的空いていることを教えてくれた**。

公共トイレ

トイレが近くにない駅付近で、（電車を利用するわけではないが）改札内の駅員さんに（改札内のトイレを借りることを）**お願いしてみたら、こころよく利用させてくれた**。

駅員さんが工事中のトイレの前に「**水たまりがあります。足元に気をつけてください**」と注意を促してくれた。

アンケートの補足とポイント

● 病院の**待合場所が分からない**相手に、丁寧に、「**○○番の前でお待ちください**」等と、どこで待てば良いかを伝える。

(3) 来場中

公共交通機関

乗り換えの際、駅員さんが体の具合が悪いことに気がついて、駅のトイレと**事務所のベッドまで付き添ってくれた**。

空港の職員さんが、老母を**車椅子に乗せて最寄り駅まで連れて行ってくれ**た。

店舗・コンビニ

店内において、買い物に関係なく**一声かけてくれる**。

店内では一般の人と同様に、**無関心でいてもらえる**。

商品の有無、場所を尋ねると、その場所まで連れて行ってくれて、商品名の確認と品物を手渡してくれる。

会計が混雑している時には、混雑状況をみながらレジまで誘導の声かけをしてくれる。

会計時、ゆっくりと分かりやすく、手渡したお札とお釣りの確認をしてくれる。

会計時に、時間がかかっても忍耐強く待っていてくれる。

ファーストフード店の1階で注文して、2階に持って上がる時、高齢者に対しては店員さんが持って上がってくれる。

スマートフォン購入の際に、機種の違い等を詳しく教えてくれた。

電気量販店で商品購入時に、商品の機能だけではなく、使い勝手についても説明してくれた。

宿泊施設

宿泊先において、子ども、お年寄り等の区別なく同じ接し方で敬意を持って対応してくれる。

宿泊先で、館内で迷っていた時に、従業員さんの方から声をかけてくれた。

医療施設

病院内に長時間座っていても気持ちの良いソファがある。

本人と家族にも分かりやすく検査結果の説明をしてくれた。

入院中、傷の回復と共に心の回復にも配慮してくれ、長くなってもイヤではなかった。

7種類の薬の服用に対して、時間別に袋詰めしてくれる。

薬を時間ごとにきちんと飲むまで見届けてくれる。

公共トイレ

　駅のトイレに並んでいた時、**先頭で並んでいる人が**「和式だったら空いているようですよ」と後ろの人々に声をかけてくれた。

- -

　混雑して待っている人の列ができている駅のトイレで、入ってきた高齢の婦人が困った様子でそわそわ小さな独り言を言い出した時、**一番前の女性が**「どうぞお先に」と声をかけた。

- -

　トイレの列に並んで待っていたら、**終わった人が**「お待たせしました」とあいさつしてくれた。

- -

　公共施設のトイレの洗面台で、石鹸と乾燥口が一並びになっていて、ご老人が戸惑っていたら、**隣にいた若い人が教えてあげていた。**

(4) 退出時

公共交通機関

　バスを降りる時、**運転手さんが手を支えてくれた。**

- -

　船から降りる時、港にいた人が**手を支えてくれた。**

店舗・コンビニ

　店舗を出る時に、「いってらっしゃい」と言ってくれる。

アンケートの補足とポイント

共通事項

- 高齢者全般で考えるのではなく、目の前の高齢者を知る。
- 高齢者が困っていると思ったら、自分から声をかける。
- 優先席だけでなく、一般の席に座っている時でも、高齢者で立っている人がいないか、気にかけておく。
- IT機器からのみ入手できる情報は、高齢者の中には入手できない人がいることを知っておく（スマートフォン等を使わない等）。

声かけ・説明の際

- 高齢者の中には、以下のような人がいることを知っておく。
  - ・忘れっぽい人もいる。
  - ・名前を呼んでもらえてうれしい人とそうでない人がいる。
  - ・店舗等で、声をかけられてうれしい人と、無関心でいてもらいたい人がいる。
- 高齢者には、分かりやすく丁寧に、IT機器や複雑な機器等の使い方を伝える。
- 検査結果等、心配なことは丁寧に、分かりやすく説明する。

誘導・支援の際

- 機械操作が得意な人とそうでない人がいることを知る。
- 駅構内のトイレを、駅利用者以外も使用可能であることを、周知する。
- 会計時等に、ゆっくりでも良いという空気を醸し出す。
- 相手の望む支援をしたくてもできない場合には、自分が可能な所までをして、その先はバトンリレーのように他の人に頼む。

確認テスト

Q 視覚に障害のある人への場所の説明方法に関する以下の①～③のうち、適切でないものを1つ選びなさい。

① 指示代名詞である「あっち」「そっち」「こっち」を使って説明する。

② 抽象的な言葉は使わずに、「10メートル真っ直ぐ進んだところで、左に曲がり、そのまま5メートル進んだ先の左側」等と、具体的に示す。

③ 目的地に着くまでに、特徴的な音や香りがしている場所を通る場合には、その情報を補足的に伝える。

✿ 解説 場所等を示す場合、「こっち」「そっち」「あっち」等の指示代名詞は抽象的で分かりづらいです。言葉だけでも分かるように、具体的な表現で伝えることが必要です。音や香り等の情報も効果的です（74～79頁参照）。よって、適切でないのは選択肢①となります。

Q 視覚に障害のある人への説明方法に関する以下の①～③のうち、適切でないものを1つ選びなさい。

① 交通機関やコンビニ等さまざまな場面において、視覚に障害のある人を見かけた場合は、見えている人の方から声をかける。

② 視覚に障害のある人が食べるおかず等の場所は、時計の文字盤に見立てて、「3時の方向にパン、6時の方向に箸がある」等と説明する。

③ 食べ物のメニューを説明する時は、いつも、冒頭から順番に読み上げる。

✿ 解説 食べ物のメニューを読む際は、大項目、中項目、小項目の順で読んでいくと、メニューの全体像がつかんでもらいやすくなります（28～29、74～79頁参照）。よって、適切でないのは選択肢③となります。

Q 次の事例を読み、以下の①〜③のうち、共生社会の一員として最も相応しい対応をしているものを1つ選びなさい。

　白杖をついた視覚に障害のある人が、お店で買い物をし終わって、列に並ぼうとしています。しかし、列がどこにあるのか分からない様子です。

① 店の人に障害がある人のことを伝えて、先頭に並べるようにお願いする。

② 並んでいる列の一番後ろの場所を説明する。

③ 並んでいる列の一番後ろまで案内して、前の人に、後ろに視覚に障害がある人が並んでいるので、進んだら声をかけてくださいとお願いした。

❀ **解説**　障害のある人の優先搭乗がない飛行機の搭乗時や、店のレジで並ぶ場合は、その列が進んだかどうかが分かれば、ほかの人と同様に列に並ぶことができます（74〜85頁参照）。よって、最も相応しいのは選択肢③となります。

Q 聴覚に障害のある人とのコミュニケーションに関する以下の①〜③のうち、適切でないものを1つ選びなさい。

① 聴覚に障害のある人に、手話で問いかけられたが、手話ができないので、あきらめた。

② 相手の口の動きで話の内容を理解する聴覚に障害のある人がいるので、話す時には、下を向いたり、マイク等で口元が隠れないようにする。

③ 聴覚に障害のある人とコミュニケーションを行う場合は、手話や筆談、チャット等、できるだけ相手が希望する手段を用いる。

❀ **解説**　手話ができなくても、筆談や身振り、手振り等を使って、コミュニケーションをとることができます。口の形を読んでいる人もいるので、口元が隠れないように意識しながら話すようにします（86〜94頁参照）。
　したがって、適切でないのは選択肢①となります。

Q 以下の①〜③のうち、聴覚に障害のある人と筆談でのコミュニケーション方法として、最も適切なものを1つ選びなさい。

① 常に丁寧な言葉と、正しい文法で書かなくてはいけない。

② 筆談を行う時は、身振り、手振り等を使うと混乱するので使わない。

③ できるだけ簡潔な文章にする。

✿ 解説　日常会話を筆談で行う場合は、丁寧な言葉で書くよりも、できるだけ簡潔な文書で、必要に応じて身振り、手振りも交えながら行う場合が多くあります（86〜94頁参照）。

したがって、最も適切なのは選択肢③となります。

Q 肢体不自由の人たちと交流に関する以下の①〜③のうち、最も適切なものを1つ選びなさい。

① 肢体不自由の人の意向は、状況をよく知っている介助者に聞く。

② 肢体不自由の人に交通機関や映画館等で優先して入場してもらう場合は、周りの人にも、その旨を知らせる。

③ 上肢障害の人は代筆ができないため、本人からの申し出を受ける前に、率先して代筆を行う。

✿ 解説　意向は、本人に聞くことが重要です。また、優先入場等を行う場合には、なぜ優先入場等なのかを周りの人にも理解してもらうことが重要です（95〜103頁参照）。

したがって、最も適切なのは選択肢②となります。

Q 肢体不自由の人の誘導に関する以下の①〜③のうち、最も適切なものを1つ選びなさい。

① 肢体不自由の人を支援する時には、支援していることをアピールするために、常に周りの人に気づかれるように行う。

② 電車の中で杖を付いている人が立っているのを見かけたら、相手が遠慮して断っても、何とか座ってもらうように説得する。

③ 肢体不自由の人の誘導を支援する時には、最初に、どのように誘導したら良いかを本人に確認する。

🍀 **解説**　人によって望んでいることが違うことを理解することが重要です。座りたい人もいれば、何らかの理由で座りたくない人もいます。思い込みで、行動をするのではなく、本人に望んでいることを聞くことが最も重要です（95〜103頁参照）。

したがって、最も適切なのは選択肢③となります。

Q 知的障害のある人とのコミュニケーションに関する以下の①〜③のうち、適切でないものを1つ選びなさい。

① 知的障害と一言で言っても、望むこと、不便なことは個々人によって異なるため、思い込みを持たずに目の前の本人を知るようにする。

② 地域の中で知的障害のある人をさりげなく見守ることで、共生社会をつくっていくことができる。

③ 介助者ではなく、本人の意思にかかわらず知的障害のある当事者に話しかける。

🍀 **解説**　知的障害に限らず、本人の意向に反してコミュニケーションを無理やり行うのは避けるべきです（104〜107頁参照）。

したがって、適切でないのは選択肢③となります。

Q 精神に障害のある人への声かけに関する以下の①～③のうち、最も適切なものを1つ選びなさい。

① 精神に障害のある人に対しては、常に大きな声で話す。

② 困っている人を見かけたら、精神に障害があるかを確認するのではなく、困っている理由と、支援が必要かどうかについて尋ねる。

③ 精神に障害のある人が困っているようなので声かけをしたが、支援は要らないと断られた場合、以後、精神に障害のある人には声をかけてはいけない。

❀ **解説**　精神障害に限らず、障害の種別で判断することは避けなければいけません。困っている人がいた場合、障害を確認するのではなく、まずは何にどう困っているかを確認することが必要です（108～110頁参照）。

したがって、最も適切なのは選択肢②となります。

Q 発達障害のある人とコミュニケーションに関する以下の①～③のうち、適切でないものを1つ選びなさい。

① 発達障害という種別にとらわれず、目の前にいる発達障害のある人が、どんな不便さや、ニーズを持っているかを確認する。

② 発達障害のある人に何かを頼む時には、できるだけ具体的に伝え、さらには図やイラストで示す。

③ 発達障害のある人は、空気を読まないので、深い会話はしないようにする。

❀ **解説**　障害の種別で相手のニーズが決まっているわけではありません。また、発達障害のある人は、抽象的に説明するよりも、具体的に説明する方が伝わりやすい場合が多くあります。絵や図を交えて説明するのも有効です（111～113頁参照）。

したがって、適切でないのは選択肢③となります。

Q 以下の①～③のうち、高齢者が道で重い荷物を持って1人で歩いている場合の支援として、適切でないものを1つ選びなさい。

① 高齢者がどんなに遠慮したとしても、なんとかして荷物を代わりに持つ。

② 荷物を持つ手伝いが必要かを尋ねて、頼まれたら代わりに持つ。

③ 荷物を高齢者が望む場所まで自分が運べない場合には、自分が行ける場所まで行ったら、後はバトンリレーのように他の人に頼む。当事者にその意向を尋ねる。

❀ **解説**　高齢者も障害のある人と同様に、本人の意向を聞いて、必要であれば支援するようにします。また、目的地まで支援ができない場合は、③のようにバトンリレーのような支援の仕方もあります(114～118頁参照)。

　したがって、適切でないのは選択肢①となります。

第4章

アクセシブルミーティング（みんなの会議）

　本章は、今まで学習したり、トレーニングしたことの整理の場となります。

　ここで取り上げる「アクセシブルミーティング（みんなの会議）」は、今まで学習してきた共生社会の実現のためのポイントである「気づく」「知る」「考える」「行動する」をベースに障害当事者参加を推進するツールです。いわば、「共生社会の実現を可視化した縮図」です。そこにはさまざまなシチュエーションにおいての配慮が示されています。このツールは会議を目的としていますが、「情報提供」「誘導」「説明」等、私たちの日常生活でも活用できる内容ですので、自分とかかわりのあるさまざまなシチュエーションとクロスオーバーし、共生社会の実現に向けたさらなる意識向上にお役立てください。

1 「アクセシブルミーティング」の国際化

　2014年、国際標準化機構（ISO）は、日本から提案された「アクセシブルミーティング（みんなの会議）」の規格を、国際規格として発行しました。元になった規格は、日本で2010年に発行された『JIS S 0042（高齢者・障害者配慮設計指針　アクセシブルミーティング）』です。この日本産業規格（JIS、第6章⑮参照）作成の背景には高齢者人口の増加と共にバリアフリー関連の法律が整備されてきたことにより、高齢者および障害のある人々の社会参加が進んだことがあげられます。

　社会のルールは、その社会に生活している人が参加・議論してはじめて有効なルールになります。よって、高齢者および障害のある人々が会議に出席することが必要ですが、多くの会議には高齢者および障害のある人々は参加していませんでした。その要因の1つが、会議そのものがアクセシブルではなかったためです。会議主催者によっては、アクセシブルな会議をハードルの高いものと思い込み、その実現をはじめから考えていなかったり、またはニーズに合っていない配慮を行っていたりといった状況が見受けられました。

　特に共生社会をつくるために必要なアクセシブル・デザイン関連の日本産業規格（JIS）をつくる場合は、高齢者およびに障害のある人たちが委員として参加することが必要であったため、当該分野のJIS原案作成団体である共用品推進機構では、長年それぞれの障害当事者団体に会議での配慮事項を協議しながらアクセシブルミーティングを行ってきました。そしてアクセシブルミーティングが他の規格づくり、さらには他のさまざまな会議でも必要であるとの日本産業標準調査会（JISC）の判断のもと、アクセシブルなミーティングを行いながら日本産業規格（JIS）

がつくられたのです。

　2011 年に、日本産業規格 (JIS) のアクセシブルミーティングを小学校からでも実施できるようにと、イラスト版のアクセシブルミーティング「みんなの会議」が共用品推進機構を事務局としてつくられ、ウェブサイトに公開されています (https://kyoyohin.org/ja/research/japan/pdf/Accessible_Meetings_Japanese.pdf)。

　さらに、国際規格をつくる際の会議もアクセシブルミーティングであるべきとの見解のもと、日本の規格づくりを統括する日本産業標準調査会 (JISC) より国際規格を統括する国際標準化機構 (ISO) に提案が行われ、2014 年 10 月に ISO から国際規格として発行されるに至っています。

　以下、アクセシブルミーティングの概要を、「みんなの会議」（共用品推進機構）のイラストに基づいて紹介していきます。

出典：「みんなの会議」（共用品推進機構）

2 会議の案内

　会議を開催するときには、開催を伝えるために、事前に参加者の特性把握した上で、参加者のニーズにあった様式の案内を送ります。

・参加者の希望に応じて、拡大文字版、点字版、電子媒体版等、複数の形態を用意する。
・読みやすいフォント、読みやすい大きさの文字を使用する。
・必要に応じて難しい漢字にはふりがなをふる。
・また、下記の用意があるかどうかを伝える。
　　①障害者用駐車場、一般の駐車場の有無（イラスト）とその場所
　　②手話通訳、要約筆記等の情報保障の有無
　　③当日の緊急連絡先（電話、FAX、Eメール等）

出典：「みんなの会議」（共用品推進機構）

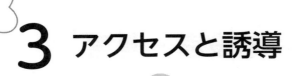

3 アクセスと誘導

　会場までの誘導について、主催者は、会議場までの動線や、異なる身体特性のある人がアクセスできるかを確認し、アクセス可能なルートを参加者に示します。

・会議主催者は、参加者が来やすいかどうか、最寄り駅等から会議場までの経路を事前に確認しておく。
・道路の段差や階段、視覚障害者誘導用ブロックの上に物が置かれていないか等、確かめておく。
・誘導サポートを配置する場所を確認し、会議当日の誘導サポート人員を必要に応じて確保しておく。

出典：「みんなの会議」（共用品推進機構）

4 会場設営・運営

会議場を設営・運営するときには、参加者の特性に応じることが必要です。会議室での設備への配慮については手話（第6章③参照）、要約筆記等の情報保障からはじまり、照明、音響等のへの配慮が必要です。

○ 席の配置

・手話通訳や補聴援助システム等、情報保障手段を数人で共有する場合は、席順を考慮する。

・司会、手話通訳、会場全体が見えやすくなるよう口の字、コの字、円卓等の席を準備する。

・参加者の名前を順番に言ってもらえると、さまざまな支援者を通じて、すべての人が座っている場所や参加者の席順等も知ることができる。

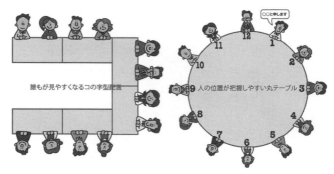

出典：「みんなの会議」（共用品推進機構）

○ テーブル

テーブルの下には、フットサポートやアームレストがぶつからないスペースを確保する。一般的には、テーブルの上面までの高さは70セン

チ、下面までの高さは 67 センチが推奨されている。

出典：「みんなの会議」（共用品推進機構）

○ 照明

　OHP、プロジェクタの投影が見えやすいよう周辺を暗くしながらも、手話通訳者が明るく見えるようにする等、良質の照明環境を確保するようにする。

出典：「みんなの会議」（共用品推進機構）

○ 音響

　音量を調整したり、クリアな音質を確保できる良質な音響環境を準備する。

出典：「みんなの会議」（共用品推進機構）

5 会議資料

会議資料は参加者それぞれに応じたものをつくります。

目の不自由な人へはその人が読むことのできる仕様を確認し、ニーズに合わせて点字版、大活字版、データ版等を用意することが望ましいです。また、色彩だけでの識別だけでなく、白黒コピーでの資料でも図やグラフが理解できる工夫も必要です。

○ 資料づくりのポイント

・参加者の希望に応じて、拡大文字・電子データ・点字・デジタル音声等の資料を用意する。

・会議当日配布する場合は、視覚情報に頼ることなく口頭で丁寧に説明する。

・文字の大きさは必要に応じて、拡大文字または希望する大きさにして、資料を作成する。

・パワーポイント等を使用する場合は、コントラストをはっきりさせて見やすいようにする。

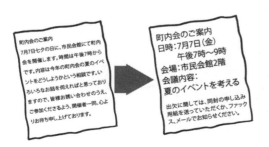

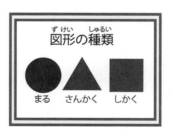

出典：「みんなの会議」（共用品推進機構）

6 会議の開始・進行

　みんなが情報を共有できて理解できるように、会議を進行します。

　会議が開始されたら、誰が発言しているかが分かるように、名前を先に言ってから内容を話したり、「図のように」といった説明ではなく、図が見えなくでも分かるような表現を使う、配布資料の説明の際には、参加者が資料を開く時間をとる等の工夫も有効です（第6章⑩参照）。

○ 会議を進行する際のポイント

・具体的な内容や時間といった会議全体の流れを、はじめに説明する。
・自己紹介の機会をつくる等、参加者全員が発言できるような場にする。
・発言者は、発言する前に自分の名前を言ってから話す。

出典：「みんなの会議」（共用品推進機構）

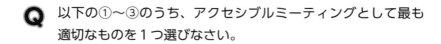

Q 以下の①〜③のうち、アクセシブルミーティングとして最も適切なものを1つ選びなさい。

① 障害のある人が参加できるようになっている会議

② 障害のある人だけが参加する会議

③ 障害のある人が参加しやすいようにハード面（施設や機器等）のみが工夫されている会議

❀ **解説**　アクセシブルミーティングは、日本語にすると「みんなの会議」であり、障害の有無、年齢の高低等にかかわりなく参加する人が、会議の流れを理解でき、参加者誰でもが質疑応答もできる会議を言います。配慮・工夫は、施設や機器等のハード面だけではなく、人的面、各種情報等のソフト面も含まれます（5〜6、126〜127頁参照）。よって、最も適切なのは選択肢①となります。

Q 会議の開催を伝える場面に関する以下の①〜③のうち、最も適切なものを1つ選びなさい。

① 参加者全員に案内を一斉配信し、会議の日時、場所、会議内容等を伝える。

② 参加者ごとに案内を受け取れる方法を事前に確認すると共に、事前、当日、会議後等に必要な支援を確認して、当日の準備を行う。

③ 視覚に障害のある人への案内状はすべて点字にする。

❀ **解説**　会議を開催する際には、事前に会議に出席する人がどのような媒体であれば開催通知を受け取って、読み、把握できるかを確認することが必要です。視覚に障害のある人の中には、点字を読めない人もいます。視覚障害＝点字と決めつけずに、案内を出す前に、それぞれの人の状況を把握することが必要です（128頁参照）。よって、最も適切なのは選択肢②となります。

Q 会議開催前の準備に関する以下の①～③のうち、適切でない
ものを1つ選びなさい。

① 最寄りの交通機関から会場まで、すべての参加する人たちがアクセスでき
るルートがあるか確認する。

② 会議室の配置、手話通訳者の位置、資料等を映写する場合の字幕等を、事
前に確認する。

③ 当日の会議主催者の問合せ先として、電話番号を参加者に事前に伝えてお
けば十分である。

❀ **解説** 　会議主催者は、参加予定者のアクセスできる状況を確認し、最寄り
の交通機関から会場および会場の入口から会議室、そして会議室内を把握し
ておく必要があります。アクセスすることが困難な場合が分かれば、アクセ
ス可能な経路や方法を見つけ、必要に応じて参加者に伝えることが必要です
（128 ～ 131 頁参照）。
　したがって、適切でないのは選択肢③となります。

Q 会議中に関する以下の①〜③のうち、適切でないものを１つ
選びなさい。

① 発言者は、自分の名前を名乗ってから発言する。

② 配布資料を使って説明する際は、資料の頁数を伝え、参加者がその頁を開くための時間をとってから説明する。

③ 会議時間は限られているため、図や写真を紹介する時には、「図（や写真）をご覧ください」と伝えて内容は割愛する。

✿ **解説**　会議で発言する際、はじめに名前を言うことにより、目や耳の不自由な人も誰が話しているかを把握することができます。配布資料の図や写真を使って説明する時には、資料の何頁目に掲載されているかを伝えるために頁数を伝えた上で、参加者がその頁を開く時間を確保しましょう。また、目の不自由な人の中には、図や写真を見ることができない人がいるので、「図（や写真）をご覧ください」で説明を終えず、図や写真の説明を行う必要があります（133頁参照）。

　したがって、適切でないのは選択肢③となります。

第5章

共生社会の教養とは

　序章から第3章までで学び、トレーニングしてきたことを、第4章のアクセシブルミーティング（みんなの会議）という国際規格を用い再確認しました。ここまでで、共生社会の実現に向け活躍するための十分な知識を得たことと思います。

　本章では、共生社会における一般教養として、これから「考え、行動」していく際に遭遇するさまざまな壁を乗り越えるために役立つ「コミュニケーション」について、事例と共に紹介します。この「コミュニケーション」を理解し、今まで学んできたことの意味を深めましょう。

1 1つ目のコミュニケーション
〜情報を伝える

① 良かったこと調査を踏まえて

(1) 共生社会の教養

　第3章では、各身体特性別に、それぞれの人が「良かった」と思ったことを、「事前情報の提供時」「受付等の時」「来場中」「退出時」に分けて紹介し、必要に応じて補足を加え、そして、「確認テスト」でポイントを振り返ってもらいました。

　どの「良かったこと」も、実際にその障害のある人（なかには、家族の人が記載したものもあります）が、体験し感じたことです。

　その生の声は、誰もが住みやすい社会である「共生社会」を支える一員になるための「教養として知っておくこと」が多く詰まっています。それらは、文字だけを読むのではなく、それぞれの人が体験した時の情景を思い浮かべながら読んでみると、さらに多くのことを想像することができます。以下のような一連のことを行うためのヒントが、第3章には示されていますので、じっくり読んで考えてみましょう。

❶目の前にいる人のことを考える。

❷目の前にいる人の不便なことを知る。

❸目の前にいる人ができないことを知る。

❹そのできないことに対して、自分は何ができるかを考える。

❺それが目の前の人が望んでいることかを目の前の人に聞いて確認する。

❻目の前の人が望んでいることであれば、実行してみる。

❼その結果を目の前の人に聞いて確認し、違っていたら修正する。

(2) 目の前の人に聞く

　繰り返しになりますが、第3章から第4章に書かれていることは、同じ障害であっても違う人には適応しない場合があります。また、同じ人でも時間や季節によって適応しない場合もあります（詳しくは第1章参照）。適応しない場合には、想像力を働かせることも大切です。

　しかし、最も大切なことは、目の前の人に聞くことです。つまり、まずは、1つ目のコミュニケーションである「情報を伝達する」コミュニケーションによって、相手の望みを知り、マイナスからゼロにすることです。

　最初は聞くことに対して抵抗があるかもしれません。しかし、その抵抗は、実践することで解消されます。気持ちが慣れれば、何ということもありません。何度も試してみることで、誰にでも1つ目のコミュニケーション（情報を伝達するコミュニケーション、マイナスからゼロにするコミュニケーション）はできるようになります。

ポイント

・アンケートの「生の声」は共生社会の教養としての知識である。
・まずは相手に情報を伝えるコミュニケーションをとって、相手の望みを知ることが重要である。

2 2つ目のコミュニケーションの背景

① 2つ目のコミュニケーションとは

コミュニケーションには、もう1つあります。

実は、2つ目のコミュニケーションは、1つ目のコミュニケーション（情報を伝達するコミュニケーション、マイナスからゼロにするコミュニケーション）のすべてに必要なコミュニケーションですが、1つ目のコミュニケーションだけで終わってしまっている人が少なくありません。

では、いったい2つ目のコミュニケーションとは何でしょうか。

2つの目のコミュニケーションは、「意思を伝達する」コミュニケーション、ゼロからプラスに引き上げるコミュニケーションのことであり、序章、第1章で紹介した「気づく」「知る」「考える」「行動する」とも関連します。

ここからは、社会を『土俵』に例えて考えていきます。

毎年6場所ある大相撲では、相撲がはじまる数日前に高さが34〜60センチ、1辺が6メートル70センチの正方形の土俵が作られ初日を迎えます。

土俵には女性は上がれないというルールが存在しています。以前はなかったルールですが、明治以降に加わったルールで、力士、行司、呼び出し、審判、懸賞旗を持つ人、表彰する人すべてが男性です。

このように、土俵が社会だとしたら、社会には男性しかいられないことになってしまいます。

その他に、土俵という社会に上がることができない、もしくは困難な人がいるかを考えてみましょう。

　ここまでで学んできたように、車椅子を使用している人や、杖を使用している人の中には、34～60センチの高さが物理的に登ることが困難であったり、登れなかったりする人がいます。

　一方、登ることができる人でも、登れないことがあります。つまり、土俵でいうと、どこに土俵があって、どこに土俵に登るための階段があるか等の情報を得ることができない、もしくは、情報を得ることが困難であるために登れないという人たちです。

　土俵の段差を取り除いたり、目や耳の不自由な人や、使用する言語が異なる人にも分かる方法で、土俵の場所や階段の位置等の必要な情報が伝わるようにするといったことが、社会を誰もが住みやすい「共生社会」にするために必要なのです。

　ただし、段差がある場合、段差をなくせば解決するとは限りません。共生社会には、段差をなくすことを望む人と、そうではない人がいることにも留意が必要です。以下、事例から考察していきましょう。

② 事例

（1）2センチの段差　～バリアフリーを目指す作業

　次の事例は、厚生福祉第6263号『アクセシブルデザインの世界　バリアフリーと2センチの段差』（星川安之）に掲載された原稿を一部抜粋・再編集しています。

　「バリアフリー・デザイン」は1974年、国連の障害者生活環境専門会議が発行した報告書のタイトルとなり普及した言葉です。もともとは、建築用語として誕生し、「物理的障壁の除去」という意味で使用されてきました。

20 年前まで日本の駅は、エレベーターやエスカレーターが設置されていることは珍しく、多くの駅では車椅子使用者が駅に着くと、駅員さんが 4 人がかりで階段の乗降、電車への介助を行うといった人的応対で「バリア」を取り除き、「バリアフリー」を成り立たせていました（第 3 章 96 頁参照）。

　その後、ハートビル法（高齢者、身体障害者等が円滑に利用できる特定建築物の建築の促進に関する法律）、交通バリアフリー法（高齢者・身体障害者等の公共交通機関を利用した移動の円滑化の促進に関する法律）、さらにその 2 つを一体化させたバリアフリー新法（高齢者、障害者等の移動等の円滑化の促進に関する法律）が 2006 年に制定されたことによって、乗降客数の多い駅から順次、エレベーターやエスカレーターが設置され、4 人がかりで「車椅子を運ぶ」光景は見られなくなりました。

　しかし、駅のホームと電車間の段差に関しては未だ解決に至っていません。

　そのため、車椅子使用者から駅に依頼があると、人的対応が行われています。つまり、折り畳み式スロープを抱え、車椅子使用者が待つ場所に向かう駅員さんの光景が見られます。しかし、現在、その状況に関しても進化は起きています。

　東京の地下鉄大江戸線では、ホームドアに車椅子がデザイン化されたマーク（国際シンボルマーク、第 6 章⑧参照）がある乗降口には、ホームから電車の入口に向けての傾斜があり、駅員さんが折り畳み式スロープを持参しなくても、車椅子使用者が 1 人で乗降できるようになっています。

　このようなバリアフリーは、交通機関ばかりでなく、テーマパーク、映画館、百貨店、コンビニエンスストア等、民間施設にも浸透し、段差がないことが当たり前になりつつあります。

　このようにバリアフリー、イコール段差解消の話がある一方、そうとばかりは言えない場所があります。それが、横断歩道と車道の境目です。

国土交通省作成の「道路移動等円滑化基準」第9条に、次のような定めがあります。

　「横断歩道に接続する歩道等の部分の縁端は、車道等の部分より高くするものとし、その段差は2センチメートルを標準とするものとする。」

　バリアフリーとは段差をなくすことが基本だと思っている人が多いと思いますが、横断歩道を利用するのは車椅子使用者だけではありません。

　1人で外出する目の不自由な人の多くは、白杖を使用し、白杖の先から伝わる道の傾斜、道の凹凸等を確認しながら歩行しています。目の不自由な人にとっては、横断歩道を渡ろうとする時に段差がないと、どこまでが歩道でどこからが横断歩道なのかを白杖で確認することができません。一方で、段差をつけすぎると自走の車椅子使用者がその段差を乗り越えたり、降りたりすることができなくなってしまいます。

　車椅子使用者と目の不自由な人たちがお互いのニーズのみを主張し続けると、世の中の横断歩道と車道の段差は、バラバラなままになってしまいます。それを避けるために、何度も議論と検証を繰り返し、導き出された数値がこの2センチなのです。

　これらのほかにも、より多くの人が使えるアクセシブル・デザインは、多くの場面で議論と検証が行われ、それぞれこの「2センチ」のような合意を探す作業が行われています。

　この事例は、目の不自由な人と車椅子使用者の望むことの両方を検討し、見出した例ですが、段差以外にもあらゆる場面で、望むことが異なることがあります。共生社会を支える人になっていくためには、さまざまな場面で、このような「2センチ」のような合意点を、見出していくことはとても重要なことなのです。

(2) 補聴器を装着したバスの運転士　～「ルール」という壁

　次の事例は、厚生福祉第 6484 号『アクセシブルデザインの世界　補聴器を装着したバスの運転士』（星川安之）の原稿を一部抜粋・再編集したものです。

　赤羽駅発、羽田空港行のリムジンバスが、午前 7 時 55 分、定刻通りに出発すると、車掌の定例アナウンスがあり、その最後に「なお、このバスの運転士は、補聴器を付けて運転しています」と乗客に伝えられます。運転士の松山建也さん（2019 年当時 26 歳）は、補聴器を装着し乗客を乗せることのできる第二種の大型自動車運転免許を取得し、2017年 12 月 8 日に、ろう者で路線バスの運転士になったパイオニアです。

　聾学校に通っていた松山さんが、運転士になりたいと思ったのは、幼少時に駅のロータリーのカーブで見事な運転さばきをするバスの運転士を見たことでした。しかし、彼の聾学校在学中には、『バスの運転には、補聴器を装着せずに、10 メートルの距離で 90 デシベルの音が聞こえなくてはならない』という法令の基準（旧道路交通法施行規則 23 条）が彼の夢の前に立ちはだかっていました。そのため、就職は金融関係の特例子会社に入社しました。しかし、給料待遇面等から運転にかかわる仕事であるトラックドライバーへ転職を考え、22 歳の時（2015 年）、物流会社に転職しました。最初は戸惑っていた会社側も、誠実かつ安全に運転する彼の仕事ぶりを徐々に認めはじめ、1 年後、彼が 23 歳の時にはマイホームを持つ夢も叶えることができました。

　彼に転機が訪れたのは 2016（平成 28）年 4 月、同法令の改正によりバスの運転が、『補聴器により補われた聴力を含む』に、基準が変わったことでした。さっそく大型二種免許を取得し、バス会社の試験を 4 社受けましたが、いずれも不合格という結果に終わりました。5 社目に挑むも、「前例がない」「耳の不自由な人は、車内と社内外でコミュニケーションがとれず危険」という理由で結果は同じでした。

5社目のA社からの不合格通知を受け取った彼は、バス会社での就職を諦めて、福祉関係や学校関係のスクールバスの運転士に方向転換する気持ちを持ちはじめました。しかし、同じ夜、松山さんの不採用を再考する人がいました。それは、5社目のA社の社長でした。面接後、社長は「自分が彼を採用することにトライしないで、誰がトライするのだ」と一晩悩み、翌朝、社長はその気持ちを役員に伝えました。そして、松山さんに対して再度の面接が行われた結果、聴覚に障害のあるバスの運転士が日本で初めて誕生することになったのです。

　松山さんが会社に溶け込むことができたきっかけは、入社した年の年末に行われた湯河原への社員旅行でした。社長や社員からの希望により、その社員旅行の運転士を松山さんが務めることになりました。ドライブインで休憩するたびに、乗降する先輩たちから、「ありがとう」「お疲れさま」「よろしくお願いします」等の言葉が、手話で松山さんに伝えられました。さらに、スムーズな運転に対して先輩たちからお褒めの言葉が松山さんに送られました。この社員旅行を通じて、松山さんは会社に深く溶け込むことができたと共に、他の社員の心も「聴覚に障害があってもバスの運転はできる」に変わっていきました。

　今では、彼の運転するバスの乗客から「とても良い乗り心地でした」といったお礼の手紙や、常連客ではあいさつを手話で伝える人も増えました。補聴器を装着しているバスの運転士は、しっかり社会に受けとめられているのです。

　さきほどの土俵の例に戻して、この事例から分かることを整理してみます。

　誰でも土俵に上がれるようにするためには、物理（ハード）面と情報（ソフト）面の課題の解決だけでは不十分です。残る課題が土俵にはあります。それは、「女性は土俵に上がることができない」という『ルール』です。

　複数の人が生活・活動するところでは、さまざまな約束事、ルールが

存在します。家族、学校、職場、公共の交通機関・施設、各種行事・イベント、地域、国、国際等においてさまざまなルールがあります。ルールは、安全性、互換性、相互理解、環境等を保ったり、守ったりするためにありますが、すべてのルールは人がつくったものです。そのため、技術や時代が変化するにつれて、ルールも社会に合わせて変えていく必要があるものもでてきます。

　共生社会の分野では、序章で紹介した「医学モデル」から「社会モデル」への変化が一番大きな変化です。繰り返しになりますが、生活をしていく上で、障害のある人たちの不便さは、「障害のある人が努力して解決していく」という医学モデルから、「障害のある人を受け入れていない社会が、インフラ、施設、設備、製品、サービスを通じて、障害のある人にも利用・使用できるようにする」という社会モデルへの変化です。

　バスを運転するために求められる基準（ルール）が変わったように、まだまだ多くの場所や場面で、変えなくてはいけないことがあります。その根本になるのが、意思を伝える2つ目のコミュニケーションになるのです。

ポイント

・共生社会の実現のためには、意思を伝えるコミュニケーションが重要である。

・さまざまな人にとってのバリアフリーを考えるときには、さまざまな人のニーズを踏まえて合意点を探す必要がある。

・共生社会の実現のためには、物理（ハード）面と情報（ソフト）面に加えて、ルールの見直しも必要となる。

3 2つ目のコミュニケーション ～意思を伝える

意思を伝えるための2つ目のコミュニケーションは、少なくとも、次の3つのポイントがあります。

❶ 上下関係から水平へ
❷ 無関心から関心へ
❸ 思い込みではなく、常に初心で

以下、順番に紹介していきます。

① 上下関係から水平へ

はじめに、以前内閣府が募集した「統合教育に関する作文」に応募された作文を紹介します。

[統合教育の現場、給食の時間でのこと]
給食に大きな揚げパンが出たときのこと。手の不自由な彼。
隣の友達が必死になって、スプーンでパンを細かくちぎっている。
一口大に切り終えて「まずそうになっちゃったよ。ごめん。」
彼は、その日の日記に書いた。それまで食べたどんなパンよりおいしかった。

人は誰かに何かをする場合、多かれ少なかれ「してあげている」といった気持ちになるのではないでしょうか。

「してあげている」のだから、そういう気持ちになって何が悪いのかと、疑問に持たれる人もいると思います。「している」と「してあげている」では、「あげる」の三文字が入っただけですが、この三文字には厄介な

気持ちがついてくる場合があります。その気持ちとは、「上下関係」という関係です。それまで水平の関係を保っていた関係が「上と下」になってしまう場合があるということです。

　これは、年齢や仕事での地位等には関係しません。年齢や職位が異なっていても、水平関係を保つことはできます。

　紹介した給食のパンの話は、水平関係を自然な形で示してくれています。この話から分かることは、２つ目の意思を伝えるコミュニケーションは、１つ目の情報を伝えるコミュニケーションとは異なり、知識を学ぶだけで得られるものではないということです。

　心の目線を合わせる、それも水平に合わせることで、医学モデルから社会モデルに変えていく１つの大きな要素になるのです。

② 無関心から関心へ

　ここでも、最初に、共用品推進機構『インクル』21 号掲載（星川安之）の記事をもとに、事例を紹介します（『インクル』の詳細については第 6 章⑭参照）。

　札幌で、インテリア小物の開発・制作をしていた高橋秀子さんを、関節の病・障害「リウマチ」が襲ったのは今から約 35 年前。それから 10 年後、高橋さんは札幌から上京し、Ｂ社のショールームに勤務していました。

　彼女がＢ社で勤務するに至った経緯は次の通りです。

　病の宣告を受けた高橋さんは、まず、同じ病の友人宅に行って驚きました。立派なマンションにもかかわらず、病にとってはバリアだらけのトイレ、風呂、台所。「この友人の部屋を、友人が使いやすい部屋に変えたい！」と彼女の中の「モノ作りへの血」が騒ぎました。

　しかし、彼女を襲ったリウマチは、次第に下半身の自由を奪い、さら

に上半身、手が肩以上に上がらない、力が入らない…そんな症状を容赦なく与え続けました。高橋さんは杖さえ使えないようになりました。雪が深く冬が長い北海道において、彼女は、大げさでなく本当に一歩も外に出ることができなくなりました。

しかし彼女は、「作る事への思い」を実現するために、やがておとずれる車椅子での生活でも1人でも生きていけるように、雪のない国である埼玉にある国立身体障害者リハビリテーションセンターで設計の勉強をはじめました。その時既に40代の高橋さん。

彼女の強い決意は、就職での面接官の心も動かし、学んだ建築を最大限生かせるB社へ入社しました。若くないというハンディに加え、手先からひじで支えるT字型杖での勤務。周りは戸惑いました。

しかし中途障害の彼女にとっては、障害があること・ないこと、どちら側の気持ちも分かるという強みがあります。つまり、「障害者とどう接したら良いか」「障害のない人とどう接したら良いか」という気持ちが分かります。

B社に入社してから8年経った当時、新宿駅西口にあるB社ショールームには、毎日高齢者・車椅子使用者を含む、多くの人が相談・見学に高橋さんをたずねていました。バリア・バリアフリーを毎日体験している彼女のアドバイスは、さらに迫力を増し、B社になくてはならない存在となっていたのです。

私はそんな彼女に、B社において「なくてはならない存在になる秘訣」を聞いたことがあります。「なくてはならないなんてことはないよ!」と笑いながらの前置きの後、「職場の仲間と楽しく仕事ができるのは、『何があってもグチだけは言わない』こと、それと、『改善してもらいたい時は、代わりの案を考えてから』と決めている」とのこと。

別の日、それでも、彼女から「グチ」が聞きたくて、私はしつこく、「東京に出てきてから、1回もイヤなことはなかったか」と質問をしました。

すると彼女から「１回だけあるわ」とあっけない返事が戻ってきて、静かに話してくれました。

「新宿の百貨店に買い物に行った時ね、買い物を終えて出口に向かうと、店の外がパレードか何かで、すごく混雑していたの。私は車椅子で外に出る流れにいたの。そうしたら、全体が後ろに少し押し戻され、前の中年婦人が私の車椅子の足を乗せる台に、あたってしまったの。こちらが謝る間もなく、その方、突然すごい勢いで、大声で私を責めはじめたの」。

『何で、車椅子の人がこんなに混んだ所に来るのか！』
『人の迷惑は考えないのか！』

と繰り返し大声で責められたと…。

大声で責めるその婦人は、出口へ向かう列が少し動き出して、外に出ることができたにもかかわらず、怒りは収まらなかったとのこと。

彼女は「私、下を向いていたわ。きっと、何を言い返しても聞いてもらえないと思って、ずっと下を向いて…。悲しかったけど黙っていたの、５分くらい」と静かに話を続ける。

２人のやりとりを見る垣根はさらに増え続けていた。そんな中、突然20代前半の若い女性２人組が、次の一言を高橋さんに向かって話しかけながら走って来た。

『待たせちゃって、ごめんね！』

「私、てっきり、私を怒っているご婦人の知り合いの人と思ったの。でも、違っていた。私に向かって言っていたの、その２人。『待たせちゃって、ごめんね！』と。それから、彼女たちは、私を責め続ける婦人に向かって、『私が遅れたので迷惑をかけてすみません！』と謝ったの。怒りの持って行き場を失ったその夫人は、『今度から、気をつけなさいよ』と、

言葉とは裏腹にバツが悪そうに、その場を逃げるように去っていったわ」とのこと。

「私、そこで誰とも待ち合わせなんかしてなかったし、２人とも知り合いでもなんでもないの。彼女たち、周りの人垣がいなくなるまで、私と古くからの知り合いを装ったの。人垣がなくなると２人は、「じゃ！」って、ウィンクを１つして、彼女たちの本当の待ち合わせ場所へ駆け足で向かって行ったわ。一度こちらを振り返り、手を振って…。その時ね、『東京に出てきて良かった』って思ったの…」と、「グチ」を聞き出そうとした私の思惑を大きく外れ、高橋さんは話を締めくくりました。

　この事例には、共生社会にするためのヒントがいくつか入っています。ポイントは、人だかりに気づき、なぜ人だかりになっているかに関心を持ち、そしてこの状況を解決することを考え、その考えを行動に移した２人です。

　この事例は、第１章で紹介した、「気づく」「知る」「考える」「行動する」に、当てはまるものです。この事例において、「気づく」は、この事態を遠巻きから見る多くの人に共通しています。しかし、遠巻きの多くの人たちと、高橋さんの前に現れた若い女性２人組の大きな違いは、その後のステップである「知る」「考える」「行動する」につなげたかどうかです。言うまでもなく、その後のステップにつなげたのは、高橋さんの友人を装った２人の女性です。

　医学モデルを社会モデルに変えるためには、関心を持つことだけでなく、その課題の根本を知り、解決案を考え、その案を行動に移すかどうかが、大きな要素になることを教えてくれる事例です。

❸ 思い込みではなく、常に初心で

　3つ目の思い込みに関する弊害は、第1章で繰り返し説明したことですが、あらためて、日本経済新聞（2020年8月3日）『交遊抄』（星川安之）に掲載した私自身の体験を例に紹介します（掲載文章一部再編集）。

　1984年に日本点字図書館（第6章㉗参照）が主催した「ゲームを楽しむ会」に私は参加し、それをきっかけに、視覚障害者で琴の演奏家でもある河相富貴子さんとの交流がはじまりました。当時の私はトミー工業（現・株式会社タカラトミー）に入社して4年目。障害児向けのおもちゃの開発に携わっていました（第6章㊹参照）。

　河相さんの自宅で、視覚障害のある人たちと点字付きのトランプを楽しんだ時のこと。日が暮れるにつれて部屋が暗くなり、手元が見えなくなりました。私は悩んだ末に、勇気を振り絞って「電気をつけて欲しい」と頼むと、河相さんから「なんで早く言わなかったの！」と怒られました。

　私は相手が傷つくのではないかと恐れて、「聞いてはいけない」と勝手に決めつけていた自分を恥じました。

　この「トランプ事件」が転機となり、河相さんとは何でも話せる仲になりました。先日も電話をかけてきて「ケチャップとマヨネーズの違いが触って分かった」と興奮気味に話しました。どのメーカーも容器の手触りや形が似ていますが、似ていないケチャップを見つけたらしい。「今度はそれを買えばいいね」と2人で喜びました。

　現在、私は障害の有無や年齢を問わず、誰でも使える「共用品」の普及に取り組んでいます。今の私にとって河相さんは、電話1本で仕事に「気づき」を与えてくれる大切な存在になっています。

　知識を頭に詰め込みはじめると、多くの知識をためることができ、そ

の知識によって周囲にポジティブな影響を与えることもあるでしょう。しかし、一方で、その結果、「目の不自由な人は、○○だ」と決めつけてしまい、他の人にも、その知識を得意げに伝えはじめたりすることも多くあります。知識が詰め込まれただけの状況で、現場に乗り込むと、その知識が間違っていることが少なくないのです。紹介した上記の「トランプ事件」はその典型で、極端に言えば「医学モデル」から、「社会モデル」へと言っておきながら、そう言っている自分自身が、その移行にブレーキをかける存在になっていたりするのです。

　思い込みが間違った思い込みなのか、正しい思い込みなのかを判断するには、相手がいることであれば、その相手に確認することが一番の解決方法になります。

④ まとめ

　この章では、意思を伝える、ゼロからプラスに引き上げるコミュニケーションに関して、学んできました。この2つ目のコミュニケーションは、3つの要素があることを紹介してきましたが、さらに異なる要素があるかもしれません。

　異なる要素があるかどうかは、「気づく」「知る」「考える」までの段階から、「行動する」を行ってはじめて、その有無が確認できます。

　情報を伝達して、マイナスをゼロにする1つ目のコミュニケーションによって、「気づく」「知る」を学んでから、もしくは並行して、「考える」そして「行動する」につなげて、共生社会を支える人が、1人でも増えることを願っています。

ポイント

- 意思を伝えるコミュニケーションの主なポイントは3つ。
  - ①水平関係を築くこと
  - ②相手に関心を持つこと
  - ③思い込みを持たないこと
- 「考える」から「行動する」へつなげる。

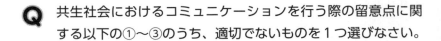

確認テスト

Q 共生社会におけるコミュニケーションを行う際の留意点に関する以下の①〜③のうち、適切でないものを1つ選びなさい。

① 障害のある人が何を不便に思っているのかを、事前に既存の不便さ調査等で調べて知っておく。

② 障害ごとに、人ごとに不便さが異なることを念頭に入れておく。

③ コミュニケーションをどのようにとるかは、あらかじめ障害の種別ごとに決めておく。

🍀 **解説**　コミュニケーションを行う際には、さまざまな障害に関して、身体特性と共に、社会での不便なことを知ることが重要です。障害の種別によって不便さが異なることを知ることも重要ですが、同じ障害であっても人によって不便さが異なったり、同じ人でも時と場合によって、不便さやニーズが異なったりすることがあるので、臨機応変に対応することが大事です（138〜139頁参照）。したがって、適切でないのは選択肢③となります。

Q 共生社会におけるコミュニケーションに関する以下の①〜③のうち、適切でないものを1つ選びなさい。

① 自分が相手より、年齢や職位が上の場合には、相手に対して常に上の立場として教える姿勢を保つ。

② 障害の有無、障害の種別・程度、年齢等にかかわらず、上下関係ではなく水平な位置関係を保つ。

③ やってあげる、やってもらう、誰もがどちらの立場になる可能性があることを理解する。

🍀 **解説**　コミュニケーションを行う場合に、年齢、職位等で上下関係を維持した姿勢では、誰もが暮らしやすい共生社会をつくっていくにあたり、多くの人の意見が反映されない結果となる場合が少なくありません。特に、共生

社会を考え、実施する場面では、心理的な上下関係をつくらずにコミュニケーションを行いましょう（147 ～ 148 頁参照）。よって、適切でないのは選択肢①となります。

Q 共生社会の実現に関する以下の①〜③のうち、最も適切なものを 1 つ選びなさい。

---

① 障害のある人たちはかわいそうな存在なので同情はするが、距離を置く。

② 子どもたちが障害のある人に関心を持たないように注意する。

③ 障害に関して分からないことがあったら、本人に直接聞いてみる。

🌸 **解説**　共生社会においては、お互いを知ることが重要です。そのためには距離を置くのではなく、お互いが関心を持ち、分からないことや疑問に思うことに関しては、直接、相手に聞く等の行動に移すことが必要です（148 ～ 151 頁参照）。よって、最も適切なのは選択肢③となります。

Q 共生社会におけるコミュニケーションに関する以下の①〜③のうち、適切なものを 1 つ選びなさい。

---

① あらかじめ、障害のある人とはどういう人かを断定した上で、コミュニケーションを行う。

② 障害のある人のことを勝手に決めつけず、分からないことは本人に確認する。

③ 知識を詰め込むほど「知る」ことができるので、「考える」ことより優先した方がよい。

🌸 **解説**　相手のことが分からなければ、コミュニケーションが成り立たなくなりがちです。コミュニケーションする相手に関して、分からないことは相手に聞くことが一番確実な解決方法になります（152 ～ 153 頁参照）。したがって、適切なのは選択肢②となります。

第6章

共生社会を
応援するツール

　本章では、共生社会の実現に向けて興味を持ってもらうため、行動する際の一助となるツールを、カラーの図と共に紹介します。

　単なる道具の説明やマークの説明でなく、それらがつくられた背景や、決められた過程等も説明しています。ツール制作の過程では必ず当事者とのコミュニケーションがあり、そこに共生社会の実現に向けたヒントが隠されているからです。

【参考・出典・ご協力一覧】

② **字幕** 花王㈱ https://www.youtube.com/user/KaoJapan/（最新字幕 CM）

③ **手話言語、㊿デフリンピック** 一般財団法人 全日本ろうあ連盟 https://www.jfd.or.jp/

④ **電話リレーサービス** 一般財団法人 日本財団電話リレーサービス https://nftrs.or.jp/

⑤ **補助犬「可」と「歓迎」** 厚生労働省 https://www.mhlw.go.jp/stf/newpage_15684.html

⑦ **ハート・プラスマーク** NPO 法人 ハート・プラスの会
https://www.normanet.ne.jp/~h-plus/

⑧ **国際シンボルマーク** 公益財団法人 日本障害者リハビリテーション協会
https://www.jsrpd.jp/overview/symbol/

⑨ **ヘルプマーク** 東京都福祉保健局
https://www.fukushihoken.metro.tokyo.lg.jp/shougai/shougai_shisaku/helpmark.html

⑪ **電光掲示板** 富士通フロンテック㈱ https://www.fujitsu.com/jp/group/frontech/solutions/
industry/healthcare/medical/meditrend/examination/

⑫ **コミュニケーション支援ボード** 公益財団法人 交通エコロジー・モビリティ財団
http://www.ecomo.or.jp/barrierfree/comboard/comboard_top.html

⑬ **マスクでの工夫** ユニ・チャーム㈱ https://jp.unicharm-mask.com/ja/home.html

⑭ **ご不在連絡票** ヤマト運輸㈱ https://www.kuronekoyamato.co.jp/

⑮ **日本産業規格（JIS）、㉕公共トイレの操作部の配置、㉜自動販売機** 一般財団法人 日本規格協会
https://www.jsa.or.jp/aboutus/guide.asp

㉑ **プリペイドカード、㉝電話の数字の位置** 公益財団法人 共用品推進機構（インクル 131 号）
https://kyoyohin.org/ja/publicity/inkuru/index.php

㉒ **つり革** 国土交通省総合政策局安心生活政策課 バリアフリー整備ガイドライン（車両等編）
https://www.mlit.go.jp/sogoseisaku/barrierfree/sosei_barrierfree_mn_000001.html

㉗ **点字図書館、㉘ふれる博物館** 社会福祉法人 日本点字図書館 https://www.nittento.or.jp/

㉚ **エレベーター** 国土交通省総合政策局安心生活政策課 バリアフリー整備ガイドライン（旅客施設編）
https://www.mlit.go.jp/sogoseisaku/barrierfree/sosei_barrierfree_mn_000001.html

㉛ **UD タクシー** 公益財団法人 交通エコロジー・モビリティ財団 バリアフリー学習プログラム
http://www.bfed.jp/program/index.html

㉞ **封筒** 静岡県庁 http://www.pref.shizuoka.jp/ud/about/keikaku2018.html

㊳ **牛乳パックの切り欠き** 一般社団法人 Ｊミルク
https://www.j-milk.jp/knowledge/products/8d863s000007z1wa.html

㊶ **ふりかけの点字** 三島食品㈱ https://www.mishima.co.jp/product/679.html

㊸ **筆談器** ㈱アウトソーシングビジネスサービス ダブル・ピーグループ https://www.wp1.co.jp/

㊺ **共遊玩具** 一般社団法人 日本玩具協会 https://www.toys.or.jp/jigyou_kyoyuu_2.html

㊼ **ルービックキューブ** ㈱メガハウス https://www.megahouse.co.jp/rubikcube/product/

㊽ **片手でネクタイの選択** ㈱たまき https://www.tamac.co.jp/products/design/collapse/

㊾ **炊飯器** 大同日本㈱ https://www.tatung.co.jp/index.html

㊾ **家電製品のデータベース** 一般財団法人 家電製品協会 https://www.aeha.or.jp/

㊾ **ダーツ** 公益社団法人 日本ダーツ協会 https://www.darts.or.jp/

㊾ **日本障害フォーラム（JDF）** 日本障害フォーラム https://www.normanet.ne.jp/~jdf/

㊾ **表皮水疱症** NPO 法人 表皮水疱症友の会 http://debra-japan.com/

㊾ **『＋ Happy しあわせのたね』** 公益財団法人 日本ダウン症協会 https://www.jdss.or.jp/

①　点字

　点字は 1825 年、フランスのルイ・ブライユ氏が、視覚障害者でも読み書きができるようにと考案した横２列、縦３行、小さな凸点６つの組合せで表示する文字。ブライユ氏が考案したアルファベットを点字に置き換える仕組みをもとに、日本では 1890 年に、盲学校の教師だった石川倉治氏がその６点を日本語の点字に置き換えることを考案し現在に至っている。日本語の点字は、母音と子音の組合せで、ローマ字のようにシステマチックにできている。

②　字幕

　新聞のテレビ欄に「字」と表示されている番組は、リモコンの字幕ボタンを押すと、画面で話している人の声や音が文字になって出てくる。そのため、聞こえない・聞こえにくい人や、周りの音がうるさい時等でも内容を理解することができる。

　テレビ CM も、字幕を表示するものが増えてきている。字幕は、話し言葉では聞き取れない場合でも読むことによって理解できることがある。海外に行った時の字幕付きのニュース等がそれに当たる。

③　手話言語

　聞くことや話すことが困難な人が、コミュニケーションで使用する手話言語は、国際的にも言語として位置づけられている。講演会、シンポジウム等、参加者の中に聞こえない人、聞こえにくい人がいる時に、重要な役目をするのが手話通訳者。話し手の近くに位置して、手だけでなく顔の表情も交えて、話し手や聴衆の話を正確に伝えている。共生社会に欠かせない存在であるが、いつでも手話言語通訳者がいるわけではない。誰でも手話言語ができる時代がくればと思う。

（デザイン　大槻孝）

④　電話リレーサービス

　電話リレーサービスは、かけたい先の電話番号を入力し、希望する通訳方法（手話または文字）を利用者が選択するとオペレータへつながる。オペレータは、利用者と電話内容に関する事前確認の後、かけ先へ電話をつなぎ、通訳を開始する。利用者が手話または文字で話した内容をオペレータは相手先に音声で通訳し、相手からの返事を音声で受けると、オペレータはその音声を手話または文字で利用者に通訳するという仕組みである。日本では、（公財）日本財団により 2013 年からモデルプロジェクトとして実施され、2021 年に法律に基づく国のサービスへ移行予定。

⑤　補助犬「可」と「歓迎」

　身体障害者補助犬は、盲導犬、介助犬および聴導犬のことで、身体障害者補助犬法に基づき訓練・認定されている。それぞれの障害に応じて歩行、生活動作等のサポートを行い、公営、民営を問わず入場・入店が法律で認められている。店頭で「補助犬可」のステッカーを表示している店もある。「可」ではなく「補助犬歓迎」と書かれた店があった。店主に聞くと、「可」よりも歓迎の方が、入りたくなるからと理由を話してくれた。

⑥～⑨　マーク（ピクトグラム・図記号）

　世の中には、さまざまなマークが存在し、ひと目で理解でき、使用する言語が異なっても共通の認識が得られる役目を果たしている。

　さまざまなマークの中でも、共通理解の必要性の高いものに関しては、日本では経済産業省が事務局を担う日本産業標準調査会 (JISC) において、日本産業規格 (JIS) として制定されている。公共・一般の施設では、男女がシルエットになっている「お手洗い」、車椅子で表示される「障害のある人が使える設備」、箱の中に3人のシルエットの上に上下を指す2つの矢印が付いた「エレベーター」、くず箱に、ごみを捨てている人の側面が描かれた「くずいれ」等である。

　交通施設では、航空機の側面で表された「航空機／空港」、電車の正面図と線路で表される「鉄道／鉄道駅」等。商業施設では、フォークとナイフで表す「レストラン」、給油機の正面図で表す「ガソリンスタンド」等がある。

　また、赤い輪に、煙草、携帯電話、カメラ等が描かれ、さらに左上から右下に斜めの赤線が引かれたマークは、それらをその場所で使用してはいけないことを示している。これらのマークは JIS では案内用図記号と呼ばれ、国際的な規格を作成している国際標準化機構 (ISO) とも連携し、なるべく同じマークになることを目指している。

　2020 年の東京オリンピック・パラリンピックを迎えるにあたり、JISC では、多くの関係者と共に、マークの中で、日本と世界の図柄が違っているものを見直し、国際規格に合わせられるものは合わせることとなった。報道の多かった温泉マークは、日本でお馴染みの湯気3本のマークと、国際規格である湯気3本に3人の半身のマーク、どちらも JIS とすることになり、表示者が適切な方を選択できることになった。

　今回の検討で特記することは、赤色の長方形の地に、白色でプラスとハートマークが縦に表示された「ヘルプマーク」が、JIS に

⑥ エレベーター
　のマーク

⑦ ハート・プラス
　マーク

⑧ 国際シンボル
　マーク

⑨ ヘルプマーク

加わったことである。このマークは、東京都が、義足や人工関節を使用している人、内部障害や難病の人、または妊娠初期の人等、外見から分からなくても援助や配慮を必要としている人たちが、周囲の方に配慮を必要としていることを知らせることで、支援を得やすくなるように作成されたマークである。東京都では、ヘルプマークの配布や優先席へのステッカー標示を、2012年から都営地下鉄大江戸線で、2013年7月からすべての都営地下鉄、都営バス、都電荒川線、日暮里・舎人ライナーで開始すると共に、他県への普及も呼びかけ、京都府・和歌山県・徳島県・青森県・奈良県・神奈川県・滋賀県・大阪府にも広がっていった。今回、JISに採用されたことで、認知度が高まり全国各地で、その効果が発揮されることがさらに望まれる。

⑩　**会議用レッドカード**

サッカーでは、選手がルールに著しく反していると審判は、警告のイエローカードか、退場を意味するレッドカードを示し、一時試合を止めることができる。

10年ほど前、ブリュッセルにある知的障害関連の機関を訪問した際、赤、黄のカードに緑を加えた3種類のカードを紹介された。使用場面は、各種会議。発言者の言っていることが分からない時には赤色、ゆっくり話してもらいたい時には黄色のカードを示す。サッカーと異なるのは、分かりやすい話に示す緑があることだ。

⑪　**電光掲示板**

聴覚障害者への不便さ調査で多く出てきたのが、銀行、病院等の待合室で、呼ばれたことに気づかず、後からきた人に先を越された経験だった。その調査から20年経った

現在、電光掲示板が設置され、順番になった人の番号が表示され、20年前の不便さは解決されつつある。

電車、バスでは次の駅が電光表示板に表示されるのが一般的だ。しかし表示板がなかった頃は、居眠りせずに停車のたびに駅名を確認していたと20年前の複数の調査に書かれている。

⑫　**コミュニケーション支援ボード**

多くの国にあるハンバーガーのチェーン店の店頭には、写真付きのメニューがある。使用する言語が違っても、欲しいモノの写真を指さすことで自分の意思を伝えることができる。

駅、銀行、交番、博物館、映画館、遊園地等、人と人がコミュニケーションをとるすべての場所でサポートグッズとして活用できる。使用言語の違いだけでなく、声で話すこと、聞くことが困難な人にも、便利な道具だ。筆談と併用すると、さらに活用範囲が広がる。

⑬ マスクでの工夫いろいろ

コロナ禍の初期、マスク不足が深刻化したために、布製のマスクを手づくりする人が増えた。自宅で過ごす時間を利用して、500枚もの布マスクを手づくりし、高齢者施設に寄付した小学生がマスメディアで紹介された。アメリカでは、通常のマスクでは口の形が分からず会話が困難になる聴覚障害の友人の実情を知った女子大学生が、口の部分を透明シートにしたマスクをつくったと報道された。緊急事態の中でも貴重な工夫が生まれている。2021年4月には広い透明部のある「unicharm 顔がみえマスク」がユニ・チャーム㈱より発売された。

⑭ ご不在連絡票

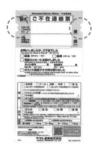

視覚障害者への調査で、自宅ポストに入ってくるチラシが急を要するお知らせか、広告かの区別がつきにくいという声が多くあがった。

2021年2月現在、東京では緊急事態宣言が発令されており、宅配の需要が高くなっていた。

クロネコヤマトの宅急便で知られるヤマト運輸㈱は荷物の届け先が留守の際、ポストに入れる不在連絡票には、1997年8月以来、両側面にそれぞれ▲の刻みが2つずつある。横から触ると猫の耳と分かり、目の不自由な人たちにも、貴重な情報が伝わる。

⑮ 日本産業規格（JIS）

日本産業規格（JIS）は、国際標準化機構（ISO）加盟の日本産業標準調査会（JISC）が制定するもので、1万を超える規格がつくられている。

役割は、図記号等での相互理解の促進、製品の安全性・品質の確保および互換性の確保が主であったが、近年では環境保護、省エネルギー、消費者保護の観点からも規格がつくられている。

また、2019年7月から、法律が変わりモノだけではなく、サービスも規格化できるようになった。すべてのJISは、JISCのサイトで閲覧可能である。

⑯ 複数の製品への共通規格

高齢者・障害者にも使いやすい（アクセシブル・デザイン）分野の規格は、方針や理念を示す基本規格（ガイド）と、個別の製品・サービス規格基本方針を示す個別規格の中間に、複数の製品に共通の配慮を行うことを示す共通規格の3段階構造になっている。

共通規格には、音、文字、色等を使用する場合、周波数、大きさ、配色等をどのように選択すると、高齢者、障害者が使用しやすくなるか、数値等を示している。数値を出すにあたって、多くの人の特性をデータ化し、分析している。

⑰　代替様式

　高齢者・障害者が製品やサービスを使える工夫を示した規格をつくる時の参考書である「ISO/IEC ガイド71」に出てくる「代替様式」は、共生社会でも重要な役目を果たしている。テレビの画面と音声のみの番組の場合、聴覚障害者には、音声を文字で示す「字幕」、視覚障害者には、音声がない場面の状況説明「音声ガイド」が必要になり、それらのことを代替様式と称している。どんな代替様式が必要か、共生社会の課題でもある。

⑱　合理的配慮

　障害者権利条約、障害者差別解消法等にある「合理的配慮」は、英語の「リーズナブル・アコモデーション」を訳した言葉である。障害者から要望があった機関は、過度の負担がかからないかぎりその要望に応えることを公的機関には義務として、民間機関には努力義務として法律で定めている。しかし、法律では過度の負担や、実施する具体的な内容に関しては示されていないため、各地で行われている事例の共有化が望まれる。

⑲　2センチの段差

　バリアフリーの法律が整備され、多くの場所で段差がなくなっているが、国のガイドラインで段差が定められている場所が、横断歩道手前の歩道と横断歩道との段差。その段差は2センチと決められているが、国が勝手に決めたわけではない。車椅子使用者にとっては、段差はない方が良い。けれども白杖を使用する視覚障害者にとっ

ては、段差がないと歩道と車道の区別がつかない。お互いの安全を守るために検討を重ねた結果、車椅子で乗降できて、白杖で識別できる「2センチ」なのである。

⑳　公共トイレの操作部の位置

　JIS S 0026「公共トイレにおける便房内操作部の形状、色、配置及び器具の配置」は、公共トイレ内の操作スイッチの位置がまちまちになり、目の不自由な人たちが「流すボタンを探すことが困難になった！」という声をもとにつくられた規格である。ルールは単純で、トイレットペーパーホルダーの上に「流すボタン」、必要に応じてその横に「緊急の呼び出しボタン」を設置するというものである。この

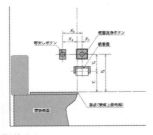

規格は、国土交通省のガイドラインにも掲載され、普及が期待されている。

㉑　プリペイドカード

　市民団体Ｅ＆Ｃプロジェクトが発足した1991年頃は、公衆電話、電車の切符等に利用するプリペイドカードが全盛期を迎えつつある時期だった。各カードには表裏、挿入方向が決まっているが、それらを示す矢印は、印刷されているため、視覚障害者には識別できず、改札口にテレホンカードを差し込む等の不便さがあった。Ｅ＆Ｃでは、カード班を発足、電話は半円、交通系は三角、買い物系は四角の切り欠きを提案、その後、共用品分野の日本産業規格 (JIS) 第1号となった。

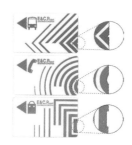

㉒　つり革

　電車の車内にあるつり革。よく見るとすべて同じ高さではなく、高さが異なっている。

　背の低い人や高齢者を考慮したものである。良いアイデアではあるが、車内が混雑している場合、高い位置にあるつり革の場所に立ってしまった背の低い人にとってはつかまりにくい。座席や乗降口に設置されている縦手すりであれば、背の高さにかかわらず誰もがつかまることができる。

㉓　Ｅ＆Ｃプロジェクト

　1991年4月、日本点字図書館3階の集会室に、年代、業界、職種が異なる20名が集まり、定期的な会合を重ねて、障害の有無、年齢の高低にかかわらず共に使える製品・サービスを「共用品・共用サービス」と名付け、その普及に尽力した。

　障害者・高齢者へ日常生活での不便さを調査し、課題を検討の上、合意した解決案を規格化した。それらの結果と過程を展示会、シンポジウム等を通じて、社会に伝え、1999年発展的に解散。財団法人共用品推進機構として、再スタートをきった。

㉔　共用品の展示室

　千代田区神田猿楽町にある共用品推進機構の事務所には、70㎡のスペースに約200種類の共用品が展示されている。入口を入ると正面にテーブル台があり、100円ショップで購入できる製品コーナーに30種ほど並んでいる。正面右の壁は、棚が4つに分かれ、見る、聞く、触る等のタイトルのもと、関連する共用品が新旧混ざって並んでいる。各製品にはパネルが付き、それぞれのどこが共用品の要素なのかを説明している。コロナ禍が終息し、多くの人が来場できることを祈っている。

㉕ 共用品とアクセシブル・デザイン

　共用品という言葉は、E＆C発足当初、共用デザイン、共用製品等と呼ばれていたが、会合が2～3回と進むうちに「共用品」に定着し、より多くの人が共に利用しやすい製品・施設・サービスと定義された。その後、共用品関連のJISを国際規格にするきっかけとなった国際標準化機構 (ISO) から発行されたガイドで、共用品はアクセシブル・デザインと訳された。

　さらに、広辞苑 (2018年発行) に、「障害の有無や身体特性にかかわりなく誰もが利用しやすい物品」の語釈で掲載された。

㉖ 共用品市場規模調査

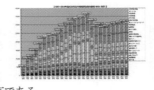

　この調査は、共用品 (アクセシブル・デザイン製品) の出荷額ベースの市場動向を把握するために、1996年に経済産業省 (当時は通商産業省) の委託事業としてスタートし、以来現在に至るまで共用品推進機構によって継続して実施されてきた国内唯一の共用品市場規模に関する定点調査である。

　各品目の合計値にみる2018年度の共用品市場規模金額は、3兆455億円と推計され、前年比で2.3% (680億円) 増と、2011年度以来、7年ぶりに3兆円を超える金額となった (https://www.kyoyohin.org/ja/research/report_marketscale.php)。

㉗ 点字図書館

　各都道府県にある点字図書館では、点字の図書、録音図書の制作・貸し出しに加えて視覚障害者の用具の販売を行っているところもある。日本点字図書館、日本視覚障害者団体連合、日本ライトハウス等で、白杖、点字筆記具等に加え、各種計器類、調理器具、ゲーム、玩具等を置いているところがある。さらに、歩行指導、パソコン、スマートフォン等の講習会、各種イベントを行っている館も多く、交流の場所となっている。機能は同様でも名称は、視覚障害者支援センター等と呼ばれている館もある。

㉘ ふれる博物館

　日本点字図書館が、2017年11月に東京高田馬場に開設したのがふれる博物館。目の不自由な人は、モノを見る代わりに触れて確認するが、大きさや存在する場所によって全体像を把握することが困難なモノがある。この博物館では、今までに日本の城、宇宙、点字考案者のルイ・ブライユ氏の生家、日本点字図書館の建物、都内の有名建物、働く車等の立体模型が展示され、多くの人が繰り返し訪れている。これらの立体模型、実物がある所にもあればと思う。

㉙　100円ショップ

　現在日本全国には約7000店舗の100円ショップがある。超高齢社会に突入した日本に定着し、福祉介護の分野の人たちにも利用されている。ある作業療法士は、お湯で柔らかくなり冷やすと固まるプラスチック粘土を100円ショップで購入し、手の変形や麻痺のある人の手の形に合わせ鉛筆等を持てるようにしている。ある弱視の方は、球を2つに割った形状のシールを購入し、リモコン等の主なボタンに付け、操作しやすくしている。

㉚　エレベーター

　公共施設にエレベーターが登場した1929（昭和4）年には、昇降や、扉の開閉操作を専用の係の人が行っていた。行き先階を聞き、目的階に着いたらそれを告げ、止まるたびに上階行きか下階行きをアナウンスする。しかもそれらには身振りも用いるため、目や耳の不自由な人や車椅子使用者へも有効だった。法整備が進み多くの場所にエレベーターは設置されたが、係の人はほとんどいない。そのため、音声案内、ボタンの位置、点字表示、浮き出し文字等が工夫されるようになった。

㉛　UD タクシー

　「UD タクシーマーク」のついたタクシーが増えてきた。車椅子が乗車する場合、横から乗るタイプと後ろから乗るタイプがある。車椅子使用者は車椅子ごと乗るか、車椅子をたたみ座席に移乗するか選択できる。横から乗るタイプの車両に車椅子ごと乗る場合、運転手が座席を折りたたみ、スロープを設置し乗車となる。乗車後は前向きになるように回転し、ベルトで車椅子を固定、シートベルトを装着することで準備が整う。

㉜　自動販売機

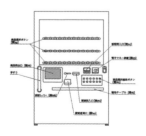

　障害者スポーツセンター等に設置されている飲料の自動販売機には、コインの投入口、飲料を選択するボタン、商品取り出し口、コイン返却口、どれも車椅子に座った状態で操作できる高さのものがある。硬貨投入口は、何枚も同時に入れられるように、縦の細い穴ではなく、受け皿の形状になっている。この受け皿は、最近多く見かける。さらに購入した飲料は、取り出し口から片手で取り出せるようカバーを前方に押せるようになっている。

㉝　電話の数字の位置

電話は 1926 年、番号を入力するだけで相手にかかる自動交換方式がはじまった。最初の番号入力はダイヤル方式、目の不自由な人には、数字を探すのに時間がかかる不便さがあった。そのため 70 年にダイヤル中央に 3、6、9 を凸線で示す盤の取り付けが開始され、目の不自由な人の不便さが緩和された。時代は技術の進歩によりアナロ

グからデジタルへ。1969 年にダイヤル式からテンキーのプッシュホンへと移行。1982 年、プッシュホンの 5 番のボタンの上に付けられた。

㉞　封筒

静岡県の封筒、左下には県章（富士山の形をした県のマーク）が印刷されている。ここまでは、他の自治体の封筒と同様であるが、左下に印刷された県章の図柄を触ってみると、県章の輪郭が膨らんでいて、他の封筒と識別することができる。さらに、お金に関する書類が入っている封筒のベロの部分は波型になっており、重要な手紙であることが、目の不自由な人にも分かるように工夫されている。不便を便利に変える貴重な工夫の 1 つだ。

㉟　かしわ餅、種類の識別

江戸時代の風俗研究家であった喜田川守貞氏（1810年～?）が書いた「守貞謾稿」に、柏餅に関して、「江戸には味噌餡（砂糖入味噌）もあり、小豆餡は葉の表、味噌餡は葉の裏を出した由」とある。これによって、味噌餡と小豆餡の柏餅を見て区別することができるだけでなく、目の不自由な人が触って区別ができる。つまり、日本には江戸時代から共用品があったのだ！　共用品推進機構では表紙に味噌餡と小豆餡のかしわ餅を載せた共用品のパンフレットをつくっている。

㊱　2種類のクロワッサン

クロワッサン。フランス語で「三日月」を意味しているパンだ。フランスでは、2 つの油脂、バターとマーガリンが使われている。両端がまっすぐなものは、クロワッサン・オ・ブール。ブールはバターを意味している。一方、両端が曲がっている三日月形は「クロワッサン・オルディネール」。オルディネールは、日常の意味があり、マーガリンが使われている。この形の違いは触っても区別できるため、目の不自由な人にとっても貴重な情報だ。曲がっている方がマーガリンと覚えておくと忘れない。

㊲　缶アルコール

缶アルコール飲料の上部には、点字で「おさけ」と表示されている。他の清涼飲料缶と視覚障害者が識別できる工夫だが、どこのメーカーも同じ表示なので、メーカー、種類を

識別することが困難だ。それをある全盲の人がコンビニの店員に話したところ、その若い店員は、「では、お客さまの買われたＡ社、Ｂ社のうち、Ａ社の缶ビールにセロハンテープを貼っておきます」と、秀逸な工夫をさり気なく行ったのである。

㊳　牛乳パックの切り欠き

生乳100％の紙パック上部に、他の紙パック飲料と触覚で識別するための半円の切り欠きが付きはじめたのは、2001年12月。きっかけは、1992年に行った

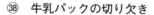

「不便さ調査」に寄せられた多くの目の不自由な人たちの声だ。市民団体で検討した結果、農林水産省等の関係機関にバトンが渡り、実現に至る。包装・容器の日本産業規格（JIS）にも掲載されている。JIS は強制的なものではないが、キャップ付きのものにも、しっかり半円の切り欠きが付いている。

㊴　ボディソープ容器

2015年2月より、側面と上部に1本の凸線が表示されたボディソープ容器が、店頭に並びはじめた。この「1本の凸線」は、目が不自由な人にも、シャンプー容器、リンス容器との識別ができるようにと付けられたものである。きっかけは、視覚障害の当事者団体から「ボディソープを識別することが困難」という声だった。関係者で検討した結果が1本の凸線で、2014年5月に発行された「JIS S 0021 包装 - アクセシブルデザイン」の一般要求事項に掲載されている。

㊵　シャンプー容器

現在、市販されているほぼすべてのシャンプー容器の側面と上部には、ギザギザがつき、目の不自由な人や、髪の毛を洗う時目をつむる大多数の人が、リンス容器と触って識別できる工夫がされている。1992年に目の不自由な人たちからのニーズに応え、花王㈱から発売されたギザギザ付き第1号のシャンプー容器を皮切りに、牛乳石鹸共進社㈱、ユニリーバ・ジャパン㈱がすぐに追従した。その後、このギザギザを採用する企業が増え、今では詰め替え用にも採用されている。

㊶　ゆかり®の点字、2ヵ所の訳

1970年に三島食品㈱から発売されたふりかけ「ゆかり®」は、2001年にパッケージ上部に点字で「ゆかり」と表示された。しかし、切り取ってしまうと分からなくなるとの声から、2004年に右側部分にも点字で「ゆかり」と表記されている。現在、ゆかり®にだけ表記されているが、その他の商品へも順次検討を進めているとのこと。また、2016年以降のパッケージの角は、丸みをつけてケガ等をしにくいようになっている。

㊷　音声付き計器

目の不自由な人にとっての不便さの1つは、平面に書かれた文字を読むことである。時計、体温計、秤（はかり）等の計器類の目盛りや針に触れなければ数値を知ることは困難である。解決方法は、針と目盛りを触れるようにすることのほかに、音声で知らせる方法がある。体温計、秤、計算機等は、音声で知らせるものが開発されている。同様に体重計も人気だったが、「私の体重が他人に聞かれてしまう」の声が企業に届き、イヤホンでも聞けるように改良された。

㊸　筆談器

公共施設等の窓口に「筆談器あります」の表示が増え、A5サイズで厚みが1センチ、盤の中央には横18センチ、縦12センチの字や絵を書けるスペースがある筆談器が置かれている。ペン先にマグネットが付き、盤の下にある砂鉄を盤の表面まで持ち上げ、それによって盤に字や絵が書ける。耳が不自由な人や、声を出すことが困難な人、言語が異なる人に、各施設の窓口で便利に使われている。上記の「かきポンくん」は右側のボタンを押すと書いた絵や字を消すことができる。

㊹　玩具で知る共生社会

2000年にバリアフリー法が制定されて、駅や施設にエレベーター等が設置され、車椅子使用者をはじめ多くの人の移動困難が解消されつつある。駅のホームには点字ブロックと共にホームドアが設置されているが、そんな工夫を、おもちゃに採用している企業もある。

© TOMY

鉄道関係だけでなく、おもちゃのシャンプーにもギザギザが付いているものがある。幼いころにこれらの工夫を知ることで、障害に関して知ることは大きな意味がある。

㊺　共遊玩具

　1990年4月、日本玩具協会に目や耳の不自由な子どもたちも共に遊べる玩具（共遊玩具）を普及・促進するための委員会が発足した。同委員会では、目や耳の不自由な子どもも一緒に遊べるおもちゃには「盲導犬」と「うさぎ」

をデザイン化したマークを、該当するおもちゃのパッケージやカタログに表示することを決め、マークを表示するための基準を示している。毎年6月には、該当玩具のカタログがつくられている。

㊻　左右兼用のトランプ

　複数のトランプカードを右利きの人が、左手で扇形に広げると数字とスート（♠♥♣♦）は見える。しかし左利きの人が右手で扇形に広げると、数字とスートが消えてしまう。これは、数字とスートがカードの左上と右下の2ヵ所しか印刷されていないためだ。左利き用に右上、左下にだけ印刷すると、右利きの人には使いづ

らいものになる。両者使いやすくするためには、カードの四隅に数字とスートを印刷することだ。ただし、一度決まったことを修正するのは、大仕事となる。

㊼　ルービックキューブ

　2020年5月に『ルービックキューブ ユニバーサルデザイン』が日本で発売された（㈱メガハウス）。ハンガリーのエルノー・ルービックさんが考案した立体パズルは1980年に世界展開され、一大ブームを巻き起こし、売り切れ店も続出した。

　あれから40年の月日を経て、発売された『ルービックキューブ ユニバーサルデザイン』は、6面が、それぞれ異なる手触りになっている。そのため、目の不自由な人も、遊ぶことができる形状になっている。

㊽　片手でネクタイの選択

　種類も結び方も多様なネクタイだが、片手が不自由だと、その選択の幅は狭まるのではと疑問が浮かび、コロナ禍以前に、数軒の百貨店を調べたところ、多様なネクタイがあった。

　1軒目には「片手で装着できるネクタイコーナー」があって約20本のネクタイが並ぶ。次の店では、多く種類のネクタイがあったが、片手でのコーナーはない。店員さんに尋ねると「ここに並んでいるどのネクタイも片手で装着できる仕様に改良することができる」とのこと。ネクタイも、多様な人のニーズに沿っていることを知った。

㊾　楕円傘の背景

　「楕円傘」を私が知ったのは今から約20年前、イタリアのミラノの盲人協会の盲人用具店。開いてみると大きな傘のさらに1.5倍、しかも楕円。驚く私に対して「盲導犬ユーザーが傘をさす時、真ん中で指すと両方とも片方ずつ濡れてしまうためこの傘を開発した」と店員さんが説明してくれた。すぐさま購入すると同行してくれたミラノの日本貿易振興機構の職員も「海外からの要人をエスコートする時に便利！」と購入。盲導犬ユーザー用に開発された楕円傘、国際交流にも役立っている。

㊿　カバーのない秤

　東京高田馬場にある日本点字図書館には、用具事業課があり、数多くの盲人用具を販売している。目の不自由な人たちの不便さの1つが、凹凸のない文字や図を読むことである。文字は、点字や音声の本になって、同館から貸し出されている。
　用具の中では、各種秤の目盛りの部分の工夫が必要になる。目盛りと針を触るために、まずはカバーをとって、目盛りの部分に凸点を付け、さらに測定した時の針の位置を止めておく工夫もされた。この工夫は、体重計にも応用された。

51　炊飯器、指1つで60年

　1960年、台湾の大同股份有限公司で生まれた炊飯器。発売当時から嫁入り道具として定番中の定番で、60年間で1600万台以上が出荷され、台湾の家庭や、海外に留学や赴任している人の家庭で毎日「さまざまな仕事」をしている。
　今風に言えば「多機能型調理器」、お饅頭や小籠包を蒸したりふかしたり、ゆで卵、煮物等もできる。しかも、正面やや下にあるボタンを指一本で下げればスイッチが入り、さまざまな仕事をこなしているのである。

52　家電製品のデータベース

　高齢者や障害者に配慮された家電製品については、家電製品協会のウェブサイトで問合せ先を見つけることができる。AV・情報家電（TV、ラジオ等）、キッチン家電（電子レンジ、炊飯器等）、家事家電（洗濯機・掃除機等）、空調・季節家電（エアコン、扇風機等）、美容・健康家電（ドライヤー、血圧計）、照明・住宅設備・その他（温水便座、照明器具等）の6分野に分かれ、同協会が設定した6つのUD配慮ポイントのうち、いくつかを備えている製品を発売している家電メーカーのお問合せ先を案内している。また、ウェブサイトではUDに配慮している家電製品のポイントを動画も交えて紹介している。

(53) デフリンピック

ろう者のコミュニケーション 国際手話

デフリンピックは、ろう者のオリンピックで、1924年に夏季大会がフランスで、1949年に冬季大会がオーストリアではじまっている。運営は、1924年に設立された国際ろう者スポーツ委員会（ICSD）。ICSDには、現在113の国と地域が参加している。デフリンピックの特徴は、運営を障害当事者であるろう者自身が行うことと、参加者はコミュニケーションを、国際手話で行うことである。

(54) ダーツ

ダーツは約560年前、英国の兵士が余暇時間に屋外で大木を輪切りにした的をめがけて弓矢を射って競ったのがはじまりと言われている。その後、矢を短くして手で投げあう競技となり、さらに冬でも行えるようにと室内ゲームになり、1896年に現在のルールが確立した。

公式の高さ173センチの的に加え、車椅子使用者用に公式に定められている133センチの的、マグネットの矢を受け止める素材の的、床に広げられた大きなダーツの的があり、さまざまなニーズに応えている。

(55) 日本障害フォーラム（JDF）

日本障害フォーラムは、「アジア太平洋障害者の十年」および日本の障害者施策を推進すると共に、障害のある人の権利を推進することを目的に、障害者団体を中心として設立された。事業は次の4項目である。

○国連・障害者の権利条約の推進
○「アジア太平洋障害者の十年」の推進及び「アジア太平洋障害フォーラム」に関すること
○「障害者基本計画」とするわが国の障害者施策の推進
○障害者の差別禁止と権利に係る国内法制度の推進

(56) 表皮水疱症

表皮水疱症（EB）は、少しの刺激や摩擦で、全身の皮膚や粘膜が容易に剥がれ、水泡（みずぶくれ）やびらん（ただれ）が繰り返しできる遺伝性の難病で現在、完治する治療法はない。自身も患者の宮本恵子さんは表皮水疱症友の会（DebRA Japan）をつくり、患者が孤立しないために有効な情報を提供すると共に、全国での交流会も行っている。表皮水疱症の子どもが生まれると、家族に当面必要なものが詰まったハッピーパッケージが贈られるようになっている。

DebRA japan.

㊗　『＋ Happy しあわせのたね』

日本ダウン症協会は、子育ての経験や工夫をまとめた小冊子『＋ Happy しあわせのたね』を発行している。冊子の後半は母子手帳形式で、記録が付けられる。一般の母子手帳と異なるのは、首すわり、寝返り、ひとりすわり、つかまり立ち等ができる月齢を基準に「できる、できない」を問わない点である。その代わり、あやしたら笑った等18項目の「はじめての記念日」を、他人と比べることなく記載できる。さらに、嬉しかったこと、心に残る言葉等を書き留める頁へと続いている。

㊹　『障害者とともに働く』

障害者雇用の歴史・背景ならびに現状を、障害当事者団体の視点で紹介すると共に、障害者と「共に働く」を実践している7つの企業の事例が、共生社会の観点から執筆されている。

雇用採用の条件を、出社できることとしている企業が多い中、十数年前からオンラインでテレワークができる仕組みや、遠く離れた場所からでも共同作業ができる環境をつくっている先駆的な企業をはじめ、ハード、ソフト両面から、共働への貴重な工夫と出会える一冊である（岩波書店）。

㊺　『共用品という思想』

2部構成になっている本書は、1部では共用品・共用サービスの実践を紹介し、2部ではその実践を分析し解説している。

共著者である2人は、共に共用品推進機構の前身、市民団体E＆Cプロジェクトからのメンバー。財団法人設立から10年後、共用品の副読本をつくる計画をたて、出版社に提案しに行った。編集者から「君たちがつくりたいのは、副読本というよりも『共用品という思想』という題名の本ではないのか」と、逆提案を受けてできたのがこの本である（岩波書店）。

㊻　『アクセシブルデザインの発想』

副題が「不便さから生まれる『便利製品』」である本書は、障害の有無、年齢の高低にかかわらず共に使える製品・サービスの発想が生まれたきっかけから、紹介している。障害児専用玩具から、共に遊べる共遊玩具に発展、共遊から共用品、さらに共用サービスへの広がりを企業、業界の壁を越えながら、多様な人たちがかかわった過程を紹介している。後半では、共用品を販売しているスーパー、コンビニに加え、傘、歯ブラシの専門店の紹介も行っている（岩波書店）。

⑥1 『ゆうこさんのルーペ』

　その日、弱視のゆうこさんは、公園でいつものように本を取り出し、字が大きく見える小型のルーペを顔に近づけて読んでいた。すると、通りがかった小学生が、「お父さん、あれ何？ あれ何？」と、ゆうこさんのルーペを指さしてささやいているのが聞こえてきた。お父さんは、「おばさんに、聞いてみたら？」と。そこから、ゆうこさんと男の子の、新たな交流がはじまった。実話を元にしたこの絵本には共生社会に必要な要素がたくさん詰まっている (合同出版)。

⑥2 『目の不自由な人をよく知る本』

　全頁カラーで 104 頁のこの本は、1章がくらしのくふう、2章が生活と道具、3章が学校 (子どもの教育)、4章が社会、そして5章でバリアフリー社会について図解している。

　題名の「よく知る」に、制作者の思いが伝わってくる。その思いに対して、長年、目の不自由な子ども達への教育に従事し、その後、宮城教育大学で教師を目指す学生を指導されてきた猪平真理さんと、日本点字図書館の理事長、田中徹二さんが監修として協力している (合同出版)。

⑥3 『共用品って何だろう』

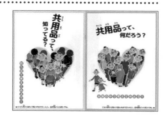

　共用品推進機構が発行する A 4版 16 頁から構成されているこの冊子は、表・裏表紙の区別がなく、横書きの面から開けると、障害のない人、もう一方の縦書きの面から開けると、障害のある人たちが登場し、頁をめくっていくと障害の有無、年齢の高低にかかわりなく日常生活での不便さが紹介されている。そして中央の頁では、障害のある人とない人とが出会う。「知恵」「工夫」「発見」「協力」等が入ったじょうろを持ち、木の根にかける準備をしている。さらに頁を開くと… (続きは本誌で！)

⑥4 『インクル』

　共用品推進機構が発足した 1999 年の7月から隔月で発行している機関誌が『インクル』である。インクリュージョン (包括する) から付けた名称の機関誌は、A 4版 16 頁で 100 号からは、全頁カラー、毎回特集を組んで、機構の賛助会員、関係省庁・機関・団体、マスコミ等に配布されている。特集は、流通、共用サービス、新規事業、点字、賞、スポーツ、働く等、発行から1年経ったものは、同機構のウェブサイトから閲覧できる。

おわりに

　本書の特徴は、「誰かが誰かのために何かをしてあげる」ではなく、「誰か
と誰かが」同じ方向を向いて、それぞれの立場でできることを行い、誰もが
共に暮らせる共生社会づくりの一員になることを伝えていることです。

　序章では「共生社会」について、その背景とエピソードを交えて紹介しまし
た。「共生社会」を実現するためには、障害のない人に合わせてきたルールや
習慣を、変更したり適用範囲を広げる作業が必要になります。その作業とは、
障害のある人の努力に委ねてきた医学モデルから、周りのモノ・コト・環境
を変える努力である社会モデルにすることです。変える時に大切なのが、コ
ミュニケーションです。国連で障害者権利条約がつくられるときに言われ続
けてきた **"Nothing about us without us"（私たち抜きで私たちのことを
決めないで）** は、そのことを端的に表しています。コミュニケーションは、「知
らないこと」について、それを知っている本人に聞くことからスタートする
ことに気づけたと思います。

　続く第１章で、共生社会をつくっていくメンバーになるためには、**「気づく」**
「知る」「考える」「行動する」 ことの大切さを事例を交えて説明しました。こ
の４つの項目が常にこの順番で目の前に現れるわけではありません。「気づ
く」前に、「行動する」が求められる場面に遭遇する可能性もあります。場合
によっては、４つの項目以外にも必要なことが出てくる可能性もあると思い
ます。肝心なことは、どうすれば課題が解決するか、その場で対応できるよ
うになることです。

　第２章では、「障害」の漢字の選択からはじまり、障害に関する条約、法律
の紹介と共に、障害、高齢の定義等を紹介しました。ここでの紹介は、次の
第３章で紹介する障害のある人たちが、「社会で感じた良かったこと」を読ん
でいくための準備です。各障害に関しての詳細を知るためには、それぞれ参
考文献が多くありますので、次の段階ではそれらの文献も読んでいただけれ
ばと思います。

第3章の「良かったこと調査」は、障害のある人たち、高齢の人たちにコミュニケーションに関して聞いた「良かったこと」の声の中から、抽出したものです。読者の中には、「へ〜知らなかった！」からはじまって、「なんだ！　こんなことでいいんだ！」「こんなこと、当たり前じゃないか！」まで、いろいろな感想を持った方がいると思います。気づいて、知っていただけたと思います。なお、この章で紹介している生の声は、今現在の「良かったこと」であることに留意が必要です。これらの「良かったこと」が、「当たり前」と誰もが思うようになったら、その社会は共生社会の実現に進んだと言えるでしょう。そうなった時には、また新たな「良かったこと」が出てくるのでしょう。そしてその新たな「良かったこと」さえも「当たり前」となった時、その社会は、共生社会になっているのだと思います。そしてわざわざ「共生」という言葉がいらずに、社会という言葉の中に共生という意味が含まれたことになるように思います。これは、デザインという言葉にも言えることです。デザインという言葉には、障害のある人、高齢の人は対象外とはどの辞書にも書かれていません。バリアフリー・デザイン、インクルーシブ・デザイン、ユニバーサル・デザインの、それぞれデザインの前にくる言葉も、社会に意識と共にモノ・サービス・環境に浸透した時には、役目を終えることができると思います。

　第4章では、第3章の「良かったこと」を、会議に当てはめて紹介しました。「アクセシブルミーティング」（みんなの会議）は、既に日本産業規格（JIS）や、国際規格になっていますが、もとは試行錯誤からはじまったのです。第1章で紹介している「気づく」「知る」「考える」「行動する」を、会議の運営において繰り返し行ったものをまとめたものです。さまざまな障害当事者団体、産業界の人、研究者、専門家が集まって、議論しながらまとめました。もちろん、「みんなの会議」の工夫を実践しながらまとめる作業は行われました。ここでのポイント、ここに示されている工夫をそのまま行うのではなく、それぞれの会議に合わせて新たな工夫を加えることが肝心ということです。

　第5章の「共生社会の教養とは」では、このテキストの中でも最も伝えたかったことを紹介しています。調査に「不便さ調査」と「良かったこと調査」があり、前者はマイナスをゼロに引き上げるためのメッセージ、後者はゼロ

からプラスに向かうためのメッセージの意味があります。

　同様に、コミュニケーションにもマイナスからゼロにする「情報を伝える
メッセージ」と、ゼロからプラスに引き上げる「意思を伝えるメッセージ」が
あります。

　情報が確実に伝わることは大切なことですが、それだけでは共生社会は成
立しないと思います。それにプラスして意思を伝えることが大切です。この
意思とは想いや感情も含まれます。意思の伝達をはばむ「思い込み」「上下関
係」「無関心」の理解が事例によって深まったと思います。

　第6章には、共生社会を支えるモノやコトを64種類紹介しています。
「へ～！ これ、こんな工夫があったんだ！」と思われたモノやコトがありま
したら、是非、周りの人にも広めてください。また、ここには掲載されてい
ないものがあれば、周りで情報共有していただけたらと思います。

　最後になりましたが、本書の第2章を監修してくださった作業療法士の小
林毅氏をはじめとし、本書の制作にご協力くださいましたみなさまに、心か
ら感謝を申し上げます。ありがとうございました。

共生社会コミュニケーション検定試験のすすめ

　本書を読み終えた感想はいかがでしょうか。

　共生社会の一員となるためには、コミュニケーションが何より重要であることに気づいていただけたでしょうか。そして、そのコミュニケーションは画一的ではなく、それぞれの人、それぞれの場面に対応したものであることが大事だということが分かっていただけたと思います。

　本書は、共生社会を実現するために必要な知識だけではなく、どのようにコミュニケーションをすればよいかのヒントが詰まっています。

　共生社会を実現するために必要なのは、コミュニケーションスキルを学ぶことでは決してありません。

　相手が何をして欲しいかを想像しながらコミュニケーションをとることです。

　相手と水平関係を意識して、関心を持ち、思い込みを持たないでコミュニケーションをしましょう。

　本書の内容を中心とした共生社会を実現するために必要な理解を問う試験が、2021年10月からはじまる予定です。

　ぜひ受験してみてください。試験を通じて、共生社会をつくる一員になるヒントを確認してください。

　そして、気づき、知って、考えることができたなら、次は行動に移していきましょう。

共生社会コミュニケーション検定試験のご案内

共生社会コミュニケーション検定試験は、CBT 方式（Computer Based Testing：コンピュータベースドテスティング）による試験です。お申込みおよび受験の詳細につきましては、日本ホスピタリティ検定協会ホームページをご覧ください。

共生社会コミュニケーション検定試験　日本ホスピタリティ検定協会ホームページ

➡ **http://japan-hospitality.jp/**

お問合せ先

■日本ホスピタリティ検定協会　　http://japan-hospitality.jp/

〈実施・運営〉（株）経済法令研究会

TEL：03-3267-4817（平日 9:00 ～ 17:00　※年末年始を除く）

試験申込日程	随時（CBT 方式：全国の PC 設置会場での PC による受験です。ご都合の良い試験日時・会場を選択して受験可能）
出題形式	三答択一式　50 問（各 2 点）　100 点満点
認定基準	100 点満点中 70 点以上得点することが目安です。
試験時間	1 時間（60 分）
受験料	4,950 円（税込）
出題範囲	1　共生社会とコミュニケーション　**10 問** 　　・共生社会におけるコミュニケーション 　　・共生社会の一員になるために 2　障害を知る　**10 問** 　　・障害とは (定義・概要等) 3　当事者の声と応対のヒント　**15 問** 　　・良かったこと調査 　　・アクセシブルミーティング (みんなの会議) 4　共生社会の教養　**5問** 　　・共生社会の教養とは (2 つのコミュニケーション) 5　支援ツール　**10 問** 　　・共生社会の実現を支援するツール **※出題範囲・内容は一部変更が生じることがあります。**

やってみよう！

【執筆者】

星川　安之 (ほしかわ　やすゆき)

公益財団法人共用品推進機構専務理事。

1957 年生まれ。1980 年自由学園卒業、トミー工業株式会社 (現・株式会社タカラトミー) 入社。1999 年共用品推進機構設立。2002 年度より日本点字図書館評議員。1999 年より現職。

〇著書

『アクセシブルデザインの発想』 (岩波書店)、『より多くの人が使いやすいアクセシブルデザイン入門』 (日本規格協会、共著)、『共用品という思想—デザインの標準化をめざして』 (岩波書店、共著)、『障害者とともに働く』 (岩波ジュニア新書、共著)

〇公益財団法人　共用品推進機構ホームページ

　https://www.kyoyohin.org/ja/index.php

【監修者】※第 2 章

小林　毅 (こばやし　たけし)

作業療法士。一般社団法人日本作業療法士協会　理事・認定作業療法士・臨床実習指導認定者。一般社団法人日本義肢装具学会認定士。

1986 年作業療法士免許取得後、帝京大学医学部附属市原病院、リハビリテーションセンター鹿教湯病院、帝京大学医学部附属病院、国際医療福祉大学三田病院やその関連病院で臨床に従事のほか、千葉県立保健医療大学等で作業療法士教育にも携わる。

2016 年 4 月〜 2018 年 3 月まで厚生労働省老健局高齢者支援課福祉用具・住宅改修指導官と介護ロボット開発普及推進官を務める。

2020 年 4 月から日本医療科学大学に勤務。

共生社会の教養
　〜プラスのコミュニケーションですべての人が暮らしやすい社会をつくる

2021 年 6 月 16 日　初版第 1 刷発行	編著者　公益財団法人共用品推進機構
	発行者　志　茂　満　仁
	発行所　㈱経済法令研究会
	〒 162-8421　東京都新宿区市谷本村町 3-21
	電話 代表 03（3267）4811　制作 03（3267）4823
	https://www.khk.co.jp/

〈検印省略〉

営業所／東京 03（3267）4812　大阪 06（6261）2911　名古屋 052（332）3511　福岡 092（411）0805

カバーデザイン／星川のぞみ　制作協力／㈱ビーケイシー
制作／小林朋恵　印刷／日本ハイコム㈱　製本／㈱ブックアート

©The Accessible Design Foundation of Japan 2021 Printed in Japan　　ISBN978-4-7668-3444-4

社会人ホスピタリティ[基本]

　社会人にとって必要なホスピタリティ・マインドとは何か、マナーやコミュニケーションで求められるホスピタリティの姿勢とはどのようなものなのかなど、「相手の力になりたい」というホスピタリティの考え方・気づきについて、その基本的な理解の習得程度を測定します。

試験概要

試験方式	全国一斉試験*1・CBT方式*2
受験資格	資格制限はありません。どなたでも受験できます。
実施日程	【10月、3月午前実施（年2回）】 2021年10月24日（日）10：00〜11：30（受付期間：2021年8月19日（木）〜9月8日（水）[必着]） 2022年3月6日（日）10：00〜11：30（受付期間：2022年1月6日（木）〜1月19日（水）[必着]） ※CBT方式は、2021年6月1日より随時実施
試験時間	90分
受験料	4,400円（税込）
出題形式	三答択一式　50問（各2点）
出題範囲	ホスピタリティの基本知識と重要性 ホスピタリティ力の向上と対応 ・ビジネスにおけるホスピタリティのポイント ・ホスピタリティ・マナーのポイント ・ホスピタリティ・コミュニケーションのポイント ・さまざまな相手に対するホスピタリティのポイント ※出題範囲・内容に一部変更が生じることがあります。

社会人ホスピタリティ[実践]

　ホスピタリティ・マインドの発揮により、ビジネスシーンなどで、いかに相手や自分自身の感情を理解し、具体的な行動につなげるのか、いかに状況を把握し、問題解決をするのかなど、「社会人ホスピタリティ［基本］」の上級試験として、その実践力・応用力の習得程度を測定します。

試験概要

試験方式	全国一斉試験*1・CBT方式*2
受験資格	資格制限はありません。どなたでも受験できます。
実施日程	【10月、3月午後実施（年2回）】 2021年10月24日（日）13：30〜15：30（受付期間：2021年8月19日（木）〜9月8日（水）[必着]） 2022年3月6日（日）13：30〜15：30（受付期間：2022年1月6日（木）〜1月19日（水）[必着]） ※CBT方式は、2021年6月1日より随時実施
試験時間	120分
受験料	6,600円（税込）
出題形式	四答択一式　50問（各2点）
科目構成	①基本知識　四答択一式（40問） ②技能・応用　事例付四答択一式（5事例10問）
出題範囲	ホスピタリティの発揮と重要性 ホスピタリティの実践的活用と応用 ・ビジネスにおけるホスピタリティの実践 ・ホスピタリティ・マナーの実践 ・ホスピタリティ・コミュニケーションの実践 ・さまざまな相手に対するホスピタリティの実践 ※出題範囲・内容に一部変更が生じることがあります。